まやかしの非核化と日本の安全保障

金正恩とトランプの攻防

Saito Naoki
斎藤直樹

論創社

まえがき

二〇一八年六月一二日にシンガポールで初の米朝首脳会談が開催された。二〇一七年を通じ米朝間で軍事衝突の危機が眼前に迫りつつあったことを踏まえると、トランプ（Donald J. Trump）大統領と金正恩（キム・ジョンウン）朝鮮労働党委員長の両首脳が終始なごやかに歓談したことにより、軍事衝突の危険性が低減したことは事実であろう。とは言え、米朝首脳会談が開催されたという基本的な事実を超えて懸案の非核化について果たして進展があったであろうか。「共同声明」とそれに続いたトランプの記者会見を見る限り、期待は萎み落胆と失望に変わったのではないであろうか。[1] 記者会見での大統領の答弁にはいささか困惑させる場面が幾つも散見された。[2]

想起されるのはトランプが二〇一八年三月一〇日に「私はすばやく立ち去るかもしれないし、あるいは対話の席に着いて世界にとって最も素晴らしい取引ができるかもしれない」と言い放った言葉である。[3]「共同声明」に盛り込まれた中身が果たして「最も素晴らしい取引」であったであろうか。過去のクリントン（William J. Clinton）、ブッシュ（George

W. Bush)、オバマ（Barack H. Obama II）の各政権が北朝鮮に欺かれた経緯を事ある度に述べ、自らの政権はそうはならないと力説しておきながら、抽象的で具体性を欠いた内容の「共同声明」と記者会見で幕引きしたことは落胆と失望を募らせた。そうした「共同声明」や記者会見は事前のトランプの大言壮語からは想像できなかったことである。

生中継された米朝首脳会談を伝える映像は政治ショーの域を出なかった印象を与えた。四月二七日の金正恩と文在演（ムン・ジェイン）韓国大統領の南北首脳会談も政治ショーの感があったが、その後に天王山と言うべき米朝首脳会談に襷《たすき》をつなぐという意味で、政治ショーに止まったのは仕方がなかったかもしれない[4]。

これに対し、米朝首脳会談の後に控える他の首脳会談が事実上、ないことを勘案すると、トランプは金正恩から最低限の譲歩を引き出さなければならなかったはずである。しかも首脳会談直前のトランプの強気の発言を踏まえると、米朝首脳会談での「共同声明」と記者会見はまさしく「竜頭蛇尾《りゅうとうだび》」の結末に終わった印象を与えた。この間のトランプの言動からは今後の米国内の政治日程に合わせ政治的な成果をあげるべく形振り構わず奔走した感を覚えざるを得なかった。

何とか米朝首脳会談が終わったとはいえ、その後の動きは事前の想定を大きく裏切るものである。「共同声明」において「完全な非核化」が合意されたにもかかわらず、非核化の完遂に向けた動きは遅々として進んでいない。非核化を安直に考えたのはトランプであった。米朝首脳会談を受け直ちにトランプはすべての核関連活動の全容を盛り込んだ申告を提出するよう金正恩に要求したが、金正恩による回答はなかった。

この間、金正恩は習近平（シー・ジンピン）中国国家主席に米朝首脳会談を成功させたとして経済制裁の緩和を願い出た。[5] また北朝鮮内では極秘裏に原爆の原料となる核燃料が増産されているとの情報が流布されている。[6] さらに弾道ミサイル施設も拡張されているとの報道もある。[7] 七月六、七日に三度目の訪朝を行ったポンペオ（Michael R. Pompeo）国務長官は申告の提出について金正恩の意思を是が非でも確認したかったが、金正恩はポンペオの前に現れなかった。[8] 金英哲（キム・ヨンチョル）党副委員長と第一回米朝高官協議をポンペオは行ったが、非核化の履行に向けては全くの平行線を辿った。

これらの動きは「完全な非核化」に向けた流れに真っ向から逆行するものである。「完全な非核化」に向けた具体的な取組みをあらゆる手段を駆使し、遅延させる行動に金正恩が出ている印象を受けざるをえない。はたして「完全な非核化」を真摯に履行する意思が金正恩にあるのか。もし履行する意思など全くなく履行するかのように素振りを見せているだけだとすれば、これは大問題である。

その後、事態の膠着を打開すべく第三回南北首脳会談が開催され九月一九日に「平壌共同宣言」が発出されたが、同共同宣言は金正恩の目論む非核化のからくりを知らしめることになった。これにより明らかになったのは、非核化の履行に向けた申告と、申告→査察→廃棄→検証といった手順を定めた工程表を提出する意思など金正恩にはなく、精々一部の核関連施設の廃棄と引き換えにトランプから多大な見返りを頂こうと画策していることであった(9)。

金正恩が今後、可能な限り非核化の履行を遅延させようとすることが予想されるが、このまま静観を続けているようだと時間だけが過ぎるだけでなく対北朝鮮経済制裁網が次第に緩み始めかねない。この間も既述の通り、核・ミサイル開発に金正恩は邁進しているとの報道がなされている。これに対し、金正恩による目に余る遅延工作に怒ったトランプが金正恩による「完全な非核化」に向けた取組みは見せかけ倒れのまやかしであると結論付け、以前の対北朝鮮強硬策に向けて舵を大きく切るといった可能性もある一方、大統領再選を最重要視するトランプが事態の深刻さを理解しているにもかかわらず曖昧かつ不透明な対応でお茶を濁す可能性もある。

この結果、非核化が曖昧かつ中途半端に終わる可能性がある。そうした状況の下で真剣に問われるのはわが国の安全保障であろう。金正恩指導部は二〇一六年以降、ノドン・ミサイルやスッカドERなどわが国を射程に捉えた弾道ミサイルを連続的に試射し、わが国の排他的経済水域に幾度となく落下させている。(10) 核ミサイルが完成したかどうかは不確実であるとは言え、今まさにその完成に向けて金正恩指導部は邁進しているであろう。この結果、遠からず核ミサイルが完成に至る展望が開けよう。非核化が遅々として進まない中で、どのように対処しなければならないか真剣に検討しなければならない。

振り返ると、二〇一七年の終りまで米国本土への核攻撃能力である対米核攻撃能力の獲得に猛進していた金正恩は二〇一八年の初めに突如、非核化を示唆することにより平和攻勢に打って出た。これにより朝鮮半島を巡る緊張は低減すると共に、中朝首脳会談、南北首脳会談、米朝首脳会談など一連の首脳会談の開催を導いた。米朝首脳会談で金正恩は「完全な非核化」に合意したが、金正恩の非核化は本当なのかあるいはまやかしなのか。もしまやかしであるとすれば、どのような事態が起きるのか。こうした問題意識に基づき、どのようにわが国は対処すべきなのか本書は論究する。

金正恩指導部による核・ミサイル開発はその実用化に向けてどの程度進捗しているであろうか。第一章において北朝鮮の核兵器開発計画と弾道ミサイル開発計画の現状と課題について検討する。

続いて、二〇一七年の終りから二〇一八年の今日までの劇的な進捗について第二章は取り上げる。一七年の終りに一触即発の軍事衝突の危機に近づいた感があった朝鮮半島情勢は、二〇一八年元旦から金正恩が平和攻勢に打って出て以降、一転して緊張緩和へと転じた。その後、中朝首脳会談、南北首脳会談、米朝首脳会談の開催に向けて一気に進んだ。第二章は二〇一七年の終りから米朝首脳会談開催に至る紆余曲折した進捗を振り返ると共に、米朝首脳会談後の動きを追いながら、「完全な非核化」が完遂することはあるのか、あるいはまやかしで終わるのか論じる。

もし非核化がまやかしで終わるとすれば、わが国の安全保障にとって忌々しい展望である。これに対しどのように対処すべきか、第三章は論及する。

金正恩が非核化に向けて突如、戦術転換を図った事由の一つは対北朝鮮経済制裁が次第に効き始めていることがあることは間違いない。それでは、経済制裁はどの程度、実効性をあげているのか第一節は論じる。

続いて、ミサイル防衛の実効性を考える。二〇一六年以降、わが国の排他的経済水域に向けて弾道ミサイルの発射実験を金正恩指導部が繰り返したが、弾道ミサイルの迎撃を目指すミサイル防衛は最も重要な対抗手段である。とは言え、わが国の既存のミサイル防衛は果たして飛来しかねないミサイルを確実に撃ち落すことができるのか。第二節はミサイル防衛の迎撃能力を中心とする実効性の問題を論及する。

もしもミサイル防衛の迎撃能力に疑問が残るとすれば、その他の選択肢も検討しなければならないであろう。その中には金正恩指導部がわが国に向けて核ミサイルを撃ち込もうとすることが想定されれば、核ミサイルの発射前にその核攻撃発動拠点を叩くという選択肢も検討する必要があろう。第三節はそうした「敵基地攻撃能力」について考察する。

二〇一八年一〇月

著　者

まやかしの非核化と日本の安全保障　目次

——金正恩とトランプの攻防

第Ⅱ章　米朝首脳会談とその後の綱引き

第Ⅲ章　問われるわが国の安全保障

第Ⅰ章　北朝鮮の核・ミサイル開発の現状と課題

本章は北朝鮮の核兵器開発計画と弾道ミサイル開発計画の現状と課題について考察する。二〇一一年一二月に金正恩指導部が発足して以降、核兵器開発と弾道ミサイル開発に向けて同指導部は狂奔を続けているが、同指導部がこれらの開発へ狂奔を続ける事由はどこにあるのか考える。金日成（キム・イルソン）の時代から核兵器開発は北朝鮮にとって国是となってきた感がある。核兵器開発計画は主にプルトニウム開発計画と高濃縮ウラン開発計画から成り立つが、両計画はどのように進められ、現時点でどの程度の核燃料が保有されているかについて概観する。

続いて、これまで北朝鮮が行ってきた六回に及ぶ核実験を概説し、核兵器の実用化に向けてどの程度進捗しているかについて論じる。さらに北朝鮮は様々な弾道ミサイルを開発してきたが、わが国や米国に対し脅威を与えるとみられる幾つかの弾道ミサイルの開発について検討する。

第一節　金正恩の核武力建設の狙い

金正日（キム・ジョンイル）の死後、金正恩が後を継ぐと、二〇一三年三月に「経済建設と核武力建設の並進路線」を採択し、経済建設と共に核兵器開発と弾道ミサイル開発に向け邁進する核武力建設を朝鮮労働党の基本路線とした。(1) 金正恩は表向き上、「人民生活の向上」を基盤に据えた経済建設を謳ったものの、その実、奔走したのは紛れもなく核武力建設であった。二〇一六年になると、金正恩は「責任ある核保有国」という文言を並べるようになった。(2) 核保有国としての地位を何としても米国に認めさせようと金正恩は躍起になっていた感があった。核武力建設の錦の御旗の下で核兵器開発と弾道ミサイル開発に向けて金正恩指導部が猛進していたが、その狙いとは一体どこにあるのか。

(1) 体制の存続確保

核武力建設に金正恩が邁進した事由の一つは、自らの体制を堅持するために何としても核武力建設が不可欠であると金正恩が考えていたからであろう。イラクやリビアが核兵器を保有していなかったがために体制崩壊という末路を余儀なくされたと金正恩が確信している節があり、この確信はあながち的を外していない。『朝鮮中央通信』報道を引用すると、「……二一世紀の状況により導かれた苦い教訓はジャングルの法が支配する現在の国際政治秩序の下で主権と尊厳を堅持するには国家は核兵器を保有しなければならないというものであった。イラクのサダム・フセイン体制やリビアのカダフィ体制はそれらの体制転換に夢中になった米国と西欧の圧力に屈し、核開発のための基盤を奪われ、核計画を自発的に放棄した後に、破滅の運命を免れることができなかった。……」[3] このことは何が何でも核兵器開発計画と弾道ミサイル開発計画を推進しなければならないと金正恩が認識していたことを正確に物語る。そのために米国の同盟国である韓国や日本を確実に叩くことができる核兵器と弾道ミサイルが不可欠であると金正恩の目に映っている。韓国や日本に対するそうした核攻撃能力があれば、米国は北朝鮮に対し核攻撃を控えざるをえないと、金正恩が読んでいるのである。これにより、自らの体制は安泰であると金正恩は高を括っている節がある。

(2) 対米「第二撃能力」の獲得と「核の傘」の封殺

他方、北朝鮮による核ミサイル攻撃に曝されかねない韓国や日本を防護するために米国が提供するのが「拡大抑止」であり、「核の傘」と呼ばれるものである。米国の同盟国の安全保障は実際に米国が提供する「核の傘」に依拠してきた。「核の傘」の論理は北朝鮮が韓国や日本に核攻撃を加えることがあれば、同盟国防衛のコミットメントに従い北朝鮮に対し全面的な核報復を断行するとの意思を米国が明示することにより、韓国や日本に対する核攻撃を北朝鮮が強行することを思い止まらせるというものである。

これに対し、金正恩指導部は血眼になり対米核攻撃能力の獲得に狂奔してきた。対米核攻撃能力は米本土を確実に射程内に捉える対米ＩＣＢＭ（大陸間弾道ミサイル）の完成を通じ初めて可能になると金正恩は確信していた。もしも対米ＩＣＢＭが完成すれば、同盟国防衛のために北朝鮮へ核報復を敢行することを米国は躊躇するのではないかと疑念が生じかねない。と言うのは、北朝鮮へ核報復を断行するぞと米国が警告しても、米本土の大都市に対し核攻撃に打って出ると金正恩が恫喝すれば、自国の大都市が壊滅的な打撃を受けかねないことを覚悟してまで北朝鮮に対する核報復を米国が断行するとは考え難い。そうした下で、同盟国防衛のコミットメントに米国は及び腰になるのではないかという疑問が表出しかねない。この結果、米国が提供する「核の傘」の論理が成り立たなくなりかねない可能性がある。(4)対米ＩＣＢＭが完成すれば、米国の「核の傘」の信憑性に疑問符が付きかねないからである。言葉を変えると、対米ＩＣＢＭが完成して初めて米国に対する真の核抑止力、すなわち対米「第二撃能力」を北朝鮮が獲得できることになる。

（3）「核保有国」としての地位の容認と一連の要求

対米ＩＣＢＭの完成に向けて狂奔を続ける金正恩の狙いが「核の傘」を無力化させることにあるのは明らかであろう。これによって導かれるのが執拗に金正恩が要求していた北朝鮮の核保有の容認なのであった。対米ＩＣＢＭの完成が間近に迫る事態となれば、北朝鮮の核保有を米国が容認するのではないかという疑問が湧いた。対米ＩＣＢＭを完成することによりトランプは北朝鮮を核保有国として遅かれ早かれ容認せざるをえなくなると、金正恩は読んでいた節があった。核保有の限定容認を検討すべきではないかとの見解が米国内ですでに散見されていた。実際に、ゲーツ（Robert Gates）元米国防長官は十から二十発程度の核兵器の保有を容認すべきではないかとの見解を表明した(5)。

核保有の容認が得られれば、次から次へと続く要求を突きつけることができると金正恩の目に映っていた。もしも核兵器国としての地位をトランプに認めさせることができれば、あらゆる意味で優位な立場に立つことができるとの目算を金正恩は立てていた。金正恩にとって喫緊の課題は経済制裁の解除を要求することであった。安保理事会において経済制裁を盛り込んだ決議が相次いで採択され、それに基づき北朝鮮は経済制裁で厳しく締め上げられているが、一度核保有が容認されれば、経済制裁は遅かれ早かれ解除されると金正恩は読んでいた。経済制裁が立脚する論拠は北朝鮮に核・ミサイル開発を断念させることにあるが、北朝鮮の核の保有をトランプ政権が容認すれば、北朝鮮に対する経済制裁の論拠も崩れかねない。ここに金正恩が経済制裁に耐えながら一日も早い対米ＩＣＢＭの完成に向けて邁進した事由があったであろう。

続いて、金正恩は自らの体制が永続化するよう体制の保証をトランプから取り付けたいと考えたであろう。これと関連して、朝鮮戦争休戦協定に取って代わる平和協定を締結し、在韓米軍を撤収に追い込みたいところであった[6]。もし撤収の運びとなれば、在韓米軍という強大な後ろ盾を失った韓国は金正恩率いる朝鮮人民軍にとって格好の標的になりかねないとの懸念が表出する。これに対し、韓国はどのように対処するであろうか。また平和協定が締結されれば、米朝国交正常化の締結も視野に入ったであろう。米朝国交正常化が実現すれば、膨大な量に及ぶ食糧や燃料を初めとする様々な支援を金正恩は受けたいところであった。さらに正式な「核兵器国」として北朝鮮が認知されることにより、「核兵器国」として国際原子力機関（ＩＡＥＡ）による厄介な査察など気にする必要もなく正々堂々と核兵器開発に打ち込めたであろう。しかも「核兵器国」であることを米国から容認されることになれば、中国、ロシア、イギリス、フランスなどその他の「核兵器国」も米国に追随することが予想された。

とは言え、これはあくまでも金正恩の目算に過ぎなかった。金正恩の狙いがどのあたりにあるかを掴んでいたトランプが北朝鮮の核保有を容認するとは考え難くかった。米国が危惧した事由の一つはもしも北朝鮮の核保有を容認するようなことがあれば、近隣の「非核兵器国」であり、矛先を向けられている韓国や日本にいかなる衝撃を与えるかであった。米国が最も憂慮する事態とは韓国や日本をして自らの核保有に向かう強い動機づけとなってしまいかねないことである。北東アジアにおける非核の米国の同盟国が核保有に向かいかねないという事態は中国やロシアにとっても望ましくはない。この結果、中国やロシアが北朝鮮の核保有を容認することは難しいという論理が導かれた。結局、米、中、露、日、韓の五つの関係国は北朝鮮に核の放棄を求めるという原点に戻らざるをえなかった。しかし既述の通り、「責任ある核保有国」であると自負する金正恩にすれば、核の放棄に断じて応じることはないと考えられた。このために外部世界からどのように非難され罵倒されようとも一心不乱に対米核攻撃能力の獲得に向けてますます奔走する以外に金正恩に方途はないという、堂々巡りの議論になっていたのである。

（4）経済建設に向けた基盤整備

核武力建設に金正恩指導部が猛進する事由には金正恩独自の論理も垣間見られた。「経済建設と核武力建設の並進路線」で謳われた通り、並進路線の力点は核武力建設だけでなく経済建設にあり、これを並進させるというものであった。通常の論理にしたがえば、対外貿易を大々的に推進すると共に大規模な外資を呼び込むことで得られる膨大な額の資金を経済建設に振り向けることにより「人民生活の向上」を実現し、その上で核武力建設に向けて猛進するということになったであろう。ところが、金正恩にとってその論理は逆になっている感があった。つまり、核武力建設へと邁進することにより米国をも震え上がらせることができる強大な対米核攻撃能力を獲得できれば、恐れるものは何もなくなる。その上で、米朝核交渉を行い核保有の容認に始まる一連の要求をトランプに突き付け、膨大な資金を獲得することにより、これを経済建設に振り向けるという構図であると理解できた。そうした対米核攻撃能力の獲得を背景として経済建設に本腰を入れることができるのだという論法が看取された。しかも核戦力の拡充を前面に押し出した核武力建設に向けて邁進する一方、通常戦力に割り当てられる予算をできるだけ削り全体的な軍事予算を抑えることにより、「人民生活の向上」をないがしろにすることなく多くの予算を経済建設に振り向けるというのが金正恩の言わんとしたところであったであろう。とは言え、金正恩が訴えていたところの並進路線が実現可能であったのか。実際には核武力建設が最優先され経済建設が後回しにされていたのではないかとの疑念が残った。経済建設はあくまで国民向けのアピールであり、その実態をカモフラージュしたもののように映ったのである。

(5) 体制引き締めと国威発揚

加えて、核武力建設は朝鮮人民軍幹部の忠誠心と支持を繋ぎ止め、困窮し不満を持つ国民を厳しく締め付けるためにも不可欠であると金正恩は確信していた節があった。核武力建設は間違いなく自らの権力基盤を確固たるものにすると金正恩は理解していた。対米ICBMの完成を通じた対米核攻撃能力の獲得に向けた狂奔には国威発揚と国民への締め付けの意味合いも看取されよう。後述の通り、二〇一七年七月の二度にわたる「火星14」型ICBMの発射実験、九月三日の水爆実験となった第六回核実験、一一月二九日深夜の「火星15」型ICBMの発射実験など、対米核攻撃能力の獲得へと邁進する現実をまざまざと見せつけた背景には、国威発揚と体制の引き締めを狙った側面もあったであろう。祖父・金日成と父・金正日の「二人の金」がそうであった通り、体制の存続を最終的に担保すると考える核兵器開発計画と弾道ミサイル開発計画を手放すことは自らの体制を武装解除の危機に曝すことになると金正恩は捉えていた。核武力建設の放棄に金正恩が真摯に応じるとは考え難いのである。

第二節　北朝鮮の核燃料問題

原爆の原料となる核分裂性物質にはプルトニウムと高濃縮ウランがある。プルトニウム開発計画が原爆製造の「第一の道」であるとすれば、「第二の道」は極秘裏に進められてきた高濃縮ウラン開発計画である。後述の寧辺郡（ニョンビョン＝グン）にある小型の原子炉とその周辺の核関連施設がプルトニウム計画の中心的な役割を果たしてきた。これとは別に一九九〇年代から極秘裏に進められてきたのが高濃縮ウラン計画である。第二節はプルトニウム計画と高濃縮ウラン計画がどのように進められてきたかを取り上げ、現在の時点でどの程度の核燃料が備蓄されているかについて触れる。

（1）プルトニウム計画－寧辺のプルトニウム関連施設

複数の核関連施設が北朝鮮全土にわたり点在するが、首都・平壌（ピョンヤン）の北方約九十キロ・メートルに位置する平安北道（ピョンアンブクト）の寧辺郡周辺に集中する核関連施設が核兵器開発の中核を担ってきた。

⑴五千キロ・ワット級黒鉛炉

一九七九年頃に電気出力五千キロ・ワット級の発電能力を持つ北朝鮮独自の原子炉の建設が始まったとされる。[7]これは元々、イギリスが一九五〇年代に建設したコールダーホール（Calder Hall）黒鉛炉第1号機を模倣したと言えるものであった。五千キロ・ワット黒鉛炉は一九八五年八月に臨界に達し八六年頃に稼動を開始したとみられる。同炉は年間あたり、約六キロ・グラムのプルトニウムを生産する能力があるとされる。原爆一発の製造に約六キロ・グラムのプルトニウムを要するとみられることから、毎年一発の原爆の生産が可能となる。この黒鉛炉こそ、これまで北朝鮮のプルトニウム生産の担い手となってきた問題の原子炉である。

二〇〇七年一〇月三日に「共同声明の実施のための第二段階の措置（Second-Phase Actions for the Implementation of the Joint Statement）」の合意が採択され、寧辺の核関連施設の無能力化について合意が成立した。[8] その後、二〇一一年一二月に死去した金正日の後を継いだ金正恩は、二〇一三年四月二日に五千キロ・ワット黒鉛炉を初めとする寧辺の総ての核関連施設の再整備と再稼働を行うと明言した。[9] 偵察衛星の画像によれば、五千キロ・ワット黒鉛炉の再稼働は二〇一三年八月に始まった模様である。[10] しかしIAEAによる査察が行われなかったため、核関連活動の実態が正確に把握されないままであった。同核関連施設が二〇一三年に再稼働して以降のプルトニウム抽出に関するIAEAの報告書が二〇一六年八月一九日に公刊された。[11] 報告書によると、同黒鉛炉の再稼働以来、蒸気放出と冷却水の流出など黒鉛炉が稼働中であることを示す形跡がみられた。[12] しかし二〇一五年一〇月半ばから同年一二月の間、そうした形跡がみられなくなった。この期間中に黒鉛炉から使用済み核燃料棒が抜き取られ、新たに核燃料棒が挿入されたのではないかと推察された。既述の通り、同黒鉛炉は年間、六キロ・グラム程度のプルトニウムを生産できるだけでなく、核融合反応を引き起こす三重水素を生産することもできると推察される。[13]

(2) プルトニウム再処理施設

原子炉から抜き取られた使用済み核燃料棒を再処理することによりプルトニウムを抽出する施設が再処理施設である。寧辺にある再処理施設は「放射化学研究所（Radiochemical Laboratory）」と呼称される巨大な六階建ての建造物である。[14] 既述の通り、二〇一三年四月二日に金正恩指導部は寧辺の総ての核関連施設の再整備と再稼働を行うと発表した。[15] 同核関連施設が二〇一三年に再稼働して以降のプルトニウム抽出についてのＩＡＥＡ報告書が二〇一六年八月一九日に公表された。[16] 同報告書によると、二〇一五年一〇月から一二月の間に黒鉛炉の稼働が停止したことに伴い、黒鉛炉から抜き取られた使用済み核燃料棒は再処理施設である「放射化学研究室」に搬入され、二〇一六年一月から数ヵ月間にわたりプルトニウムを抽出する再処理が行われ、七月初めまでにプルトニウムの抽出作業は終了したと推測される。[17] 米科学国際安全保障研究所（Institute for Science and International Security：ＩＳＩＳ）のオルブライト（David Albright）の推定によると、この期間の抽出プルトニウムの分量は五・五から八キロ・グラム程度に及ぶ。[18]

(3) 核燃料製造工場

一九八〇年から八一年頃にかけ建設が始まったとされる核燃料製造工場は八五年から八七年頃に稼動を開始したとみられる。[19] 二〇〇七年一〇月の寧辺の核関連施設の無能力化合意に従い核燃料製造工場の稼働も停止していたが、二〇一三年の核関連施設の再稼働に伴い核燃料製造工場も再整備され核燃料棒の製造も再開されたと推察される。[20]

(4) 核廃棄物貯蔵施設

さらに寧辺には一九九〇年代前半に核兵器開発疑惑の焦点となった核廃棄物貯蔵施設とみられる二つの大きな建物がある。[21]

(5) プルトニウム保有量

上記の通り、二〇一六年一月から七月までの期間に行われたプルトニウムの抽出分量について、五・五キロ・グラムから八キロ・グラム程度に及ぶと前述のオルブライトは試算した。[22]それでは、北朝鮮の現在のプルトニウム備蓄総量はどの程度であろうか。この点について様々な推量がある。例えば、ヘッカー（Siegfried S. Hecker）米ロスアラモス研究所元所長の推量によると、二〇一六年九月の時点でのプルトニウム備蓄量は三二キロ・グラムから五四キロ・グラム程度に及んだ。[23]

(2) 高濃縮ウラン計画

一九九〇年代から金正日指導部は極秘裏に高濃縮ウラン計画を進めてきたが、これが発覚するのは二〇〇二年一〇月にブッシュ政権が同計画の存在を姜錫柱（カン・ソクジュ）北朝鮮第一外務次官が認めたと発表したことによる[24]。その後も、高濃縮ウラン計画の存在を金正日指導部は一貫して否定し続けたが、二〇〇九年春からその存在をあえて示唆する方向へと同指導部は大きく舵を切った。第二回核実験を厳しく非難した二〇〇九年六月一二日採択の安保理会決議一八七四に猛反発した声明の中で、将来の軽水炉建設の決定に従い同原子炉の稼働に必要なウラン燃料の実験的な濃縮を進めると金正日指導部は言明した[25]。

とは言え、軽水炉活動の実態は不明であった。前述のヘッカーはそれまでに複数回にわたり寧辺の核関連施設を視察し、その印象について米議会で証言を行ってきた。その後、ヘッカーを初めとする米核専門家代表団が寧辺の核関連施設を訪問する機会を得たのは二〇一〇年一一月のことであった。同年一一月一二日に核燃料製造工場内に設置されている小型の実験用軽水炉と二千基もの遠心分離機を備えた遠心分離機施設を視察したヘッカーは予想をはるかに上回るほど大規模でかつ先進的であることに驚いたと発言した[26]。

ところで、高濃縮ウランの備蓄量はどの程度に及ぶであろうか。詳細は不明であるが、様々な推量が行われている。高濃縮ウランの備蓄量は三百から四百キロ・グラム程度に及ぶとヘッカーは推量した[27]。しかも二〇一三年以降、遠心分離機施設は大幅に拡充されているとみられる。また寧辺以外にも極秘とされる施設が存在し、ウラン濃縮が行われている可能性が極めて高い。これらのことを踏まえると、百五十キロ・グラム程度の高濃縮ウランが秘匿されている可能性がある。二〇一六年九月時点での高濃縮ウランの総備蓄量は四百五十から五百五十キロ・グラム程度に及ぶとヘッカーは推量した[28]。一発のウラン原爆の製造に約二十五キロ・グラムの高濃縮ウランが必要とすれば、最大で二十二発相当のウラン原爆が製造可能となる。

(3)「弾頭小型化」と核燃料の問題

既述の通り、寧辺にある五千キロ・ワット級黒鉛炉は一九八〇年代後半の運転開始から三十年以上経ち老朽化が進んでいる。同原子炉は年間当たり、六キロ・グラム程度のプルトニウムが生産できるとされる。今後とも北朝鮮のプルトニウム生産は同黒鉛炉に委ねられることになろう。これに対し既述の通り高濃縮ウランの総備蓄量は四百五十から五百五十キロ・グラム程度にも及ぶとされる。これは二十二発以上の核爆弾を製造できる分量に相当する。黒鉛炉が老朽化しているだけでなく高濃縮ウランに比較して核分裂性物質の備蓄量も限られているにもかかわらず、金正恩指導部はプルトニウムの生産に拘っているように思われる。これはどういう事由に基づくであろうか。

主たる事由の一つは「弾頭小型化」により適合する核分裂性物質がプルトニウムであることによると考えられる。小型核弾頭の製造にはプルトニウムの方が高濃縮ウランより適合すると見られているからである。[29]プルトニウムは六キロ・グラム程度の分量で核爆発を引き起こすとされるのに対し、高濃縮ウランで核爆発を起こすためにははるかに多くの分量を必要とするとされる。このため、高濃縮ウランを原料とする原爆は重量的に重くならざるをえず、小型核弾頭には適さないということになる。

しかも金正恩指導部は核爆発の威力増大を図るため「ブースト型原爆」の開発を進めている節がある。後述の通り、第四回核実験では「ブースト型原爆」が使用されたとみられる。[30]「ブースト型原爆」は原爆装置内に微量の重水素と三重水素を混合したガスを送り込むことにより核融合反応を起こさせ、これにより爆発威力を著しく増強させる原爆であるが、原爆装置は大型化せざるをえない。このため比較的少量で核爆発を起こすプルトニウムが「ブースト型原爆」に適合すると言えよう。こうしたことから、金正恩指導部がプルトニウムの生産に拘泥する事由がみえてくるのである。

第三節　核実験と「弾頭小型化」

二〇〇六年一〇月に北朝鮮が第一回核実験を強行して以降、その一一年後の二〇一七年九月に第六回核実験を強行した。この間、度重なる核実験を経て核兵器の爆発威力は着実に増大すると共に、その性能は確実に向上している。金正恩の狙いは核弾頭を実際に弾道ミサイルに搭載できるよう小型化することであり、これが「弾頭小型化」と呼称される技術革新である。弾道ミサイル開発と並び核兵器開発が野放しのままでは、そうした技術革新に遅かれ早かれ成功するとみられる。近隣の韓国や日本を確実に射程に捉えた弾道ミサイルを北朝鮮は数多く保有している。そうした技術革新が実現すれば、金正恩は韓国や日本に対し核の恫喝を露骨に繰り広げるだけでなく必要と判断すれば核攻撃を断行することもないわけではない。久しく論じられてきた仮説上の脅威は今、現実の脅威となったと言っても過言でない。第三節は六回に及ぶ核実験を概観し、その上で「弾頭小型化」に向けてどの程度進捗しているのか論ずる。

（1）核実験

(1)第一回核実験（二〇〇六年一〇月九日）　第一回核実験が強行されたのは二〇〇六年一〇月九日であった。[31]一〇月一六日に米国家情報局（DNI）は「一一日に大気中で検出された放射性物質のサンプル分析を通じ、九日に北朝鮮北東部の咸鏡北道（ハムギョンブクト）吉州郡（キルジュグン）の豊渓里（プンゲリ）の付近で、爆発規模が一キロ・トンを下回る地下核実験が行われたことを確認した」との評価を発表した。[32]実験に伴う地震波のマグニチュードは三・五から四・二程度で、実際の爆発威力は高性能爆薬TNT換算で〇・二から一・〇キロ・トン程度の低威力であった。[33]

(2)第二回核実験（二〇〇九年五月二五日）　二〇〇九年五月二五日に第二回核実験が同じく豊渓里で強行された。豊渓里の付近を震源とするマグニチュード四・七の地震波が観測されたと米地質調査所（USGS）は発表した。[34]米国家情報局は六月一五日に爆発威力は数キロ・トンであったと公表した。[35]第二回核実験においてどの程度の爆発威力を金正日指導部が企図したかは不明であるが、爆発威力が二から四キロ・トンの間であったとみられた。[36]

(3)第三回核実験(二〇一三年二月一二日)

第三回核実験は二〇一三年二月一二日に同じく豊渓里の付近で行われた。同日、『朝鮮中央通信』は第三回核実験を成功させたと報道した。[37] 同報道によると、より小型でかつ軽量でありながら一層大きな爆発威力を備えた原爆が使用され、安全かつ完璧な方法で実験が行われ、核兵器の小型化と爆発威力の著しい向上がみられた。包括的核実験禁止条約機構(CTBTO)の地震測定によると、爆発による地震波はマグニチュード五・〇であった。[38] 同実験では爆発威力の面で強化されただけでなく「弾頭小型化」に主眼が置かれていると目された。まもなく各国政府や関係機関が爆発威力についての計測結果を発表した。韓国政府によれば、爆発威力は六から七キロ・トン程度に止まった。ロシア政府は七キロ・トンを上回ると計測した。他方、ドイツの連邦地質資源研究所は四十キロ・トンに及ぶとの極端に高い推定を行った。[39] 第三回核実験において上記の『朝鮮中央通信』は小型原爆が使用されたことを示唆したが、その真偽は不明であった。とは言え、米国防総省の国防情報局(Defense Intelligence Agency)は、弾道ミサイルに核弾頭を装着する能力について「適度な確信」があることを示唆した。[40]

(4)第四回核実験(二〇一六年一月六日)

第四回核実験は同じく豊渓里の付近で二〇一

六年一月六日に行われた。北朝鮮当局は「水素爆弾（水爆）実験」であったと発表した。[41]もっとも、二〇一五年一二月の段階で水素爆弾を爆発させる能力を獲得したと金正恩がほのめかしていたが、その真偽については多方面から疑問視されていた。[42]ところで「水爆実験」の成功を伝える『朝鮮中央通信』報道は「……歴史に特記すべき水素爆弾実験が最も完璧に成功したことで、朝鮮民主主義人民共和国は水素爆弾まで保有した核保有国の戦列に堂々と立つことになり、朝鮮人民は最強の核抑止力を備えた尊厳高い民族の気概を轟かせた……」と自賛した。[43]核実験による地震規模はマグニチュード五・一程度であったと米地質調査所は計測した。[44]既述の通り、『朝鮮中央通信』が「水素爆弾」の実験に成功したと自賛したとは言え、実際に水爆実験であったかどうか、仮に水爆実験が行われたとしても成功であったか、あるいは失敗であったかについて間もなく様々な見解が表明された。[45]と言うのは、核実験の爆発威力がTNT換算で約六から九キロ・トン程度と比較的小規模であったからである。そうした小規模の爆発威力を踏まえると、水素爆弾を爆発させたと判断するには少なからず無理があった。かりに水爆実験であったならば爆発威力は十倍以上に及んだであろうと推測されることから、水爆実験が実際に行われたかどうか疑問視された。[46]

それでは、何の実験が行われたのか。こうした中で浮上したのが「ブースト型原爆」の実験が行われたのではないかとの見方であった[47]。原爆は高濃縮ウランあるいはプルトニウムを瞬時に爆縮させることにより核分裂反応を引き起こし、大量の熱エネルギーを放出させる。これに対し、水爆は原爆を起爆装置として用いる。その際、重水素や三重水素による核融合反応を引き起こし原爆の千倍とも言われる莫大な熱エネルギーを放出する。他方、「ブースト型原爆」は原爆装置の中心部に微量の重水素と三重水素が混合したガスを送り込み核融合反応を起こさせ、周りの核分裂性物質の核分裂反応を劇的に加速させ爆発威力を著しく高める。こうしたことから、原爆に比較して爆発威力を格段に大きくすることが可能である。「ブースト型原爆」は技術的に原爆から水爆に移行する中間段階に相当すると考えられる。「ブースト型原爆」であったならば、通常の原爆と比較して爆発威力を格段に高めることができることから、小型かつ軽量の核弾頭であったとしても大きな爆発威力が期待できる。こうしたことから「ブースト型原爆」は核弾頭の小型化と軽量化につながり、ひいては弾道ミサイルの射程の長距離化に寄与することになると考えられる。

(5) 第五回核実験（二〇一六年九月九日）

第五回核実験は二〇一六年九月九日に行われ

た。豊渓里を震源とするマグニチュード五・三の揺れを計測したと米地質調査所（ＵＳＧＳ）は伝えた。[48] ところで、第五回核実験において核弾頭の爆発実験を行い、小型化、軽量化、多種化の技術革新に成功したと朝鮮核研究所が宣言するに至った。

九月九日に朝鮮核研究所の名称で声明文を公表した『朝鮮中央通信』報道を引用すると、「……北部核実験場で新たに研究及び製造した核弾頭の威力判定のために核爆発実験を実行した。……核弾頭の標準化により、共和国は様々な分裂物質を生産し利用する技術を備え、小型化、軽量化、多種化したことより高度な攻撃力を持つ各種の核弾頭を必要なだけ生産できるようになった。……」[49] 日本の気象庁もマグニチュード五・三の地震を計測したと公表した。[50] 他方、韓国気象庁の計測によると、地震波はマグニチュード五・〇四であった。[51] 二〇一六年一月の第四回核実験の爆発威力がＴＮＴ爆薬換算で六キロ・トン程度に止まったのに対し、第五回核実験の爆発威力はこれまでで最大規模の十キロ・トンに達したと韓国国防省は推定した。[52] 他方、ヘッカーは地震波がマグニチュード五・一から五・三であったと計測し、爆発威力はおよそ十五から二十キロ・トン程度であったとの推定を行った。[53]

(6)第六回核実験（二〇一七年九月三日）

二〇一七年九月三日に第六回核実験が強行されるに及んだ。『朝鮮中央通信』は九月三日に「ＩＣＢＭ搭載用の水爆実験成功に関する朝鮮民主主義人民共和国核兵器研究所声明」という見出しで、「朝鮮民主主義人民共和国の核科学者達が九月三日一二時、共和国の北部核実験場でＩＣＢＭ搭載用の水爆の実験を成功裏に行った」と伝えた[54]。その爆発威力はおよそ百六十キロ・トンに及んだと日本政府は断定した。これは広島型原爆の実に十倍もの爆発威力であったことを物語る。しかも強行された水爆は電子機器に依存する社会・経済インフラを瞬時にして無力化しかねない電磁波爆弾であったと、金正恩指導部は断言したのである[55]。もしもそうした電磁波爆弾が炸裂しようものならば、あらゆる面で電子機器に依存する現代の文明社会が破壊されかねない危険性があることを意味した。

六回に及ぶ核実験を総括すれば、爆発威力の増大と「弾頭小型化」に向けて着実に前進していると言えよう。第三回核実験までは核爆弾の実験であり弾道ミサイル上部に搭載する核弾頭の実験ではなかったと目される。ところが、第四回実験において「ブースト型原爆」実験が行われたのに続き、第五回実験では核弾頭の爆発実験が行われたと見られる。さらに第六回核実験において爆発威力が約百六十キロ・トンに及ぶと推量される水爆実験が行われるに及んだ。「弾頭小型化」技術は曖昧かつ不透明なところを残しているとは言え、確実に進展している。加えて、第六回核実験での水爆実験に見られる通り、爆発威力は桁外れに増大している。金正恩指導部による核兵器開発計画は着実に躍進していることを物語るのである。

第四節　北朝鮮の弾道ミサイル開発

北朝鮮は第三世界で弾道ミサイル開発の分野において突出していると一九九〇年代から米国の情報機関は評価してきた[56]。実際にトクサ、スカッド、ノドン、テポドン1号、テポドン2号、ムスダン、潜水艦発射ミサイル（SLBM）、「北極星2号」、「火星12」型、「火星14」型、「火星15」型など実に多様かつ多彩な弾道ミサイルを北朝鮮は開発してきた。弾道ミサイルの開発は核兵器開発と共に深刻な問題を提起する[57]。目標に対し核弾頭を運搬する弾道ミサイルの開発はどの程度進んでいるであろうか。

第四節は特に警戒を要すると考えられる弾道ミサイル開発の進捗について概観する。

北朝鮮の弾道ミサイルの射程

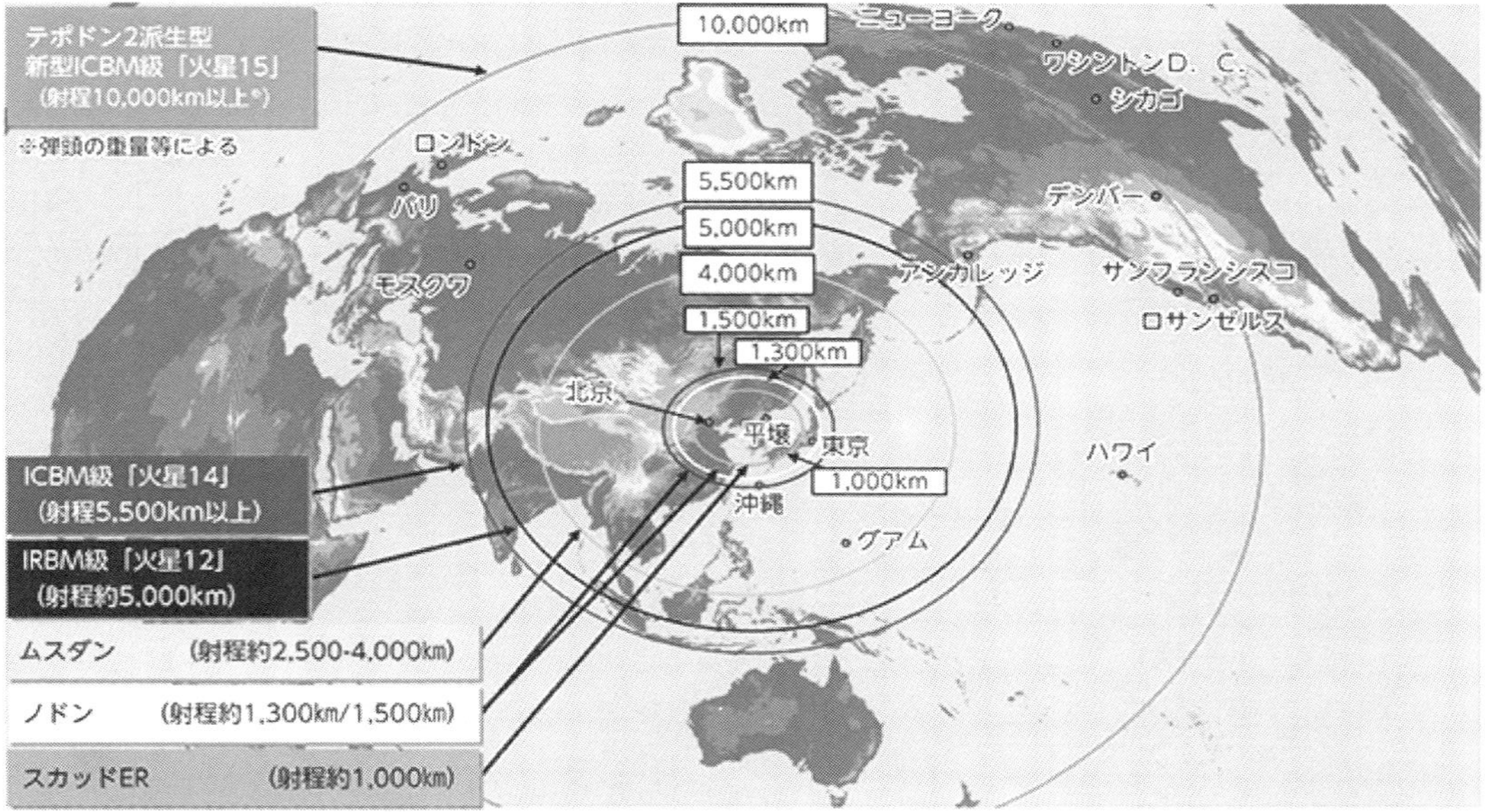

（注1）上記の図は、便宜上平壌を中心に、各ミサイルの到達可能距離を概略のイメージとして示したもの
（注2）「　」は北朝鮮の呼称

（出典：『（平成30年版）日本の防衛（防衛白書）』（防衛省・2018年）26頁。）

（1）弾道ミサイル開発

⑴スカッド・ミサイル

スカッド・ミサイルは元来、一九五〇年代にソ連が開発した短距離ミサイルであり、中東諸国に大量に売却されたミサイルである。スカッドが着目を集めたのが一九九一年春の湾岸戦争であり、同戦争でイラクはこの改良型をイスラエルとサウジアラビアへ向けて多数発射した。北朝鮮はエジプトから入手したスカッドに独自の改良を施し、その後大量生産に及んだとされる。スカッドは五百キロ・グラム程度の重量の弾頭を搭載した場合、韓国全土を射程に捉える五百から六百キロ・メートルの距離を運搬する短距離ミサイルである。スカッドは六百基以上も保有されていると目される。スカッドには液体燃料だけでなく固体燃料を使用する型も存在する。しかも発射台付き車両（TEL:Transporter-Erector-Launcher）（以下、移動式発射台として記載）に搭載される移動式発射様式が採用されている。移動式発射様式は随時移動できるため、その位置や発射の時期についての兆候を掴むことが難しいとみられることから、相手側による先制攻撃に対する残存性は高いと考えられる(58)。

また射程距離が千キロ・メートルにも及ぶスカッドER（Extended Range）も存在する。スカッドERはスカッドの胴体部分を拡張すると共に弾頭重量を軽量化し、射程距離を伸ばした型である。[59] 二〇一七年三月六日朝にスカッドERと目される弾道ミサイル四基が北朝鮮西岸の平安北道（ピョンアンブクド）鉄山郡（チョルサン＝グン）東倉里（トンチャンリ）近郊より東方に向けて連続的に発射された。発射されたスカッドERは朝鮮半島上空を横断する格好で約千キロ・メートルも飛行し、その内三発が秋田県の沖合約三百から三百五十キロ・メートルの排他的経済水域に落下した。[60]

(2) ノドン・ミサイル

わが国に重大な脅威を与えるのが中距離弾道ミサイルのノドン・ミサイルである。ノドンはスカッドに改良を施し射程距離を大幅に拡張した弾道ミサイルであり、液体燃料を使用する一段式のミサイルである。[61] 七百キロ・グラム程度の重量の弾頭であれば、射程距離は約千三百キロ・メートルに達する。この千三百キロ・メートルとは日本領土ほぼ全域を射程内に捉える距離である。二〇〇六年までに配備を完了したノドンの数は二百基にも及ぶとされている。しかも、その一部が移動式発射台に配備されていると推察されており、先制攻撃への残存性は高いと考えられる。

二〇一六年に相次いで行われたノドンの発射実験はノドンの性能が一段と向上していることを知らしめる結果となった。八月三日朝に北朝鮮西岸の殷栗（ウンユル）近郊よりノドンと目される弾道ミサイル一基が発射され、朝鮮半島上空を横断する格好で飛行し、秋田県沖の排他的経済水域に落下したことは日本政府を慌てさせる事態を招いた。[62]

続いて九月五日昼頃に北朝鮮西岸の黄海北道（ファンヘプクト）の黄州（ファンジュ）近郊よりノドンとみられる弾道ミサイル三基が連続し発射させた。三基とも北朝鮮上空を横断する形で日本海の方向へ約千キロ・メートル以上も飛行し、北海道の奥尻島の沖合約二百から二百五十キロ・メートルの排他的経済水域のほぼ同じ地点に落下した。[63]同時刻に連続して発射された三基のノドンがわが国の排他的経済水域のほぼ同じ地点に落下したことは、連続発射能力に加え命中精度が格段に向上していることを示す結果となった。しかも移動式発射台からミサイルが発射されたことにより発射に向けた兆候を偵察衛星などにより事前に察知することが容易でないことは迎撃が一段と難しくなることを物語った。ノドンに小型核弾頭を搭載する「弾頭小型化」の技術革新が加われば、北朝鮮の核の脅威は現実のものとなることを示したのである。

(3)「火星14」型ＩＣＢＭ

二〇一七年七月に二度にわたり発射実験が行われたのが「火星14」型ＩＣＢＭである。七月四日に「ロフテッド軌道」と呼ばれる通り、極端な高角度で発射された「火星14」型は最高高度二千八百二キロ・メートルに達し、約四十分間にわたり九百三十三キロ・メートルの距離を飛行し、わが国の排他的経済水域に着水した。通常軌道で打ち上げられれば、八千キロ・メートル以上も飛行したと推測された。七月四日に『朝鮮中央通信』は「朝鮮民主主義人民共和国国防科学院の報道」という見出しで、「火星14」型ICBMの発射実験に成功したと伝えた。[64] 続いて、七月五日に『朝鮮中央通信』は「金正恩が大陸間弾道ロケット「火星14」型の発射実験を監督」の見出しを掲げ、発射実験の目的がICBMに搭載する弾頭の小型化に加え再突入技術の完成であったと力説した。[65] 対米ICBMの完成に向けた主な技術上の課題はICBMの射程距離の延伸による「長射程化」とICBMに搭載できるよう弾頭を小型化する「弾頭小型化」と共に、大気圏へのICBM弾頭の「再突入技術」の確立であると理解されている。ICBM弾頭が大気圏へ再突入する際の速度は音速二四とも言われ、弾頭の表面温度は摂氏七千度とも呼ばれる高熱と激しい振動に直面する。そのため再突入の際に弾頭を高熱と振動から保護すると共に起爆させることが大きな課題であると考えられる。[66] 大気圏再突入の際の過酷な状況の下でも弾頭内部が一定の温度に保たれたことにより、大気圏再突入技術は確立されたと『朝鮮中央通信』が明言した。とは言え、同実験で大気圏再突入に本当に成功したのかその真偽が議論を呼ぶことになった。

こうした中で金正恩指導部は二度目のＩＣＢＭ発射実験を強行した。『朝鮮中央通信』は「金正恩が「火星14」型ＩＣＢＭの二次試射を指導」という見出しで、金正恩の監督の下で二〇一七年七月二八日深夜に「火星14」型の二次発射実験が成功裏に行われたと伝えた。[67] 同報道によると、「試射によりＩＣＢＭシステムの信頼性が再確認され、任意の地域と場所で任意の時間にＩＣＢＭの奇襲発射が可能である能力が論証され、米本土全域が共和国のミサイルの射程圏内にあることが明確に証明されたと金正恩は誇った。」同発射実験では、最大高度三千七百二十四・九キロ・メートルに達し約四七分間以上にわたり九百九十八キロ・メートルの距離を飛行しわが国の排他的経済水域に着水したが、通常軌道で打ち上げられれば一万キロ・メートルを飛行した可能性があった。

ＩＣＢＭ発射実験で大気圏再突入に成功を収めたと金正恩指導部が言明したとは言え、「再突入技術」の確立はまもなく疑問視された。日米韓の三国政府の合同調査団は大気圏再突入に成功しなかったとの見方を提示した。[68] それによると、ミサイルの落下時に撮影された閃光の映像を解析したところ、弾頭部分と思われる光点が海上に着水する前に消えてなくなった。この解析は「再突入技術」がまだ確立されていないことを示唆するものであった。

⑷「火星15」型ICBM

二〇一七年一一月二九日深夜には新型のICBMである「火星15」型の発射実験が強行された。『朝鮮中央通信』は同日、「金正恩は火星15型ICBMの試射を指導」という見出しで、対米ICBMの完成により「国家核戦力の完成」を実現した旨の記事を掲載した。(69) 同報道によると、「「火星15」型ICBMは最大高度四万四千百七十五キロ・メートルまで上昇し、九百五十キロ・メートルの距離を五十三分間にわたり飛行し、朝鮮半島東海の公海上の設定された水域に正確に着弾した。」続いて報道は「……金正恩は今日、国家核戦力の完成の歴史的偉業、ロケット強国偉業が実現した意義のある日であると語り、朝鮮民主主義人民共和国の戦略的地位をより高い段階に引き上げた偉大な力が生誕した本日を国家の歴史に特記すべきであると力説した。」同ICBMが発射された時刻と位置は二九日午前三時一七分、平安南道(ピョンアンナムド)平城(ピョンソン)であったとされた。極端な高角度で発射されたミサイルは『朝鮮中央通信』報道にある通り、最高高度四万四千百七十五キロ・メートルに達し、五十三分の間九百五十キロ・メートルを飛行したが、実際には公海ではなく青森県沖合いの排他的経済水域に落下した。[70]「火星15」型の発射実験後まもなくして同ＩＣＢＭが二〇一七年七月に二度にわたり実験された「火星14」型と比較してはるかに推進力を増したＩＣＢＭであり、米国本土全域に脅威を与える潜在能力を備えているとの評価が行われた。

憂慮する科学者同盟（ＵＣＳ）のライト（David Wright）は「火星15」型が潜在的に一万三千キロ・メートルを超える距離を飛行できるであろうと推定した。ライトによると、米本土のいかなる地域をも射程内に捉えることができるであろう。ただし発射実験でどの程度の重量の弾頭が搭載されたか不明であり、核弾頭が実際に搭載されたのであれば、そうした長距離は飛行できないであろうと、ライトは疑義を呈した。[71]上述のライトの見解を踏まえ、戦略国際問題研究所（ＩＩＳＳ）のエルマン（Michael Elleman）は「火星15」型が約五百キロ・グラム相当の核弾頭を搭載する場合、飛行距離は八千五百キロ・メートルにも届かないであろうと推定した。とは言え、米西海岸に着弾可能なＩＣＢＭの開発は向こう約一年以内に完成するであろうとエルマンは結論づけた。[72]「火星15」型が二〇一七年七月に発射された「火星14」型と比較してはるかに推進力を増したＩＣＢＭであることはトランプ政権に深刻な衝撃を与えたのである。

「火星15」型の発射実験で示された通り、ＩＣＢＭの「長射程化」は顕著な進捗を示しているとは言え、「小型弾頭化」や「再突入技術」の確立が遅れている。最大の技術上の課題は「再突入技術」であるとされる。この点に触れ、「……再突入環境における弾頭部分の安全性を再実証した」と『朝鮮中央通信』は改めて「再突入技術」を確立したと明言した。[73]しかし「再突入技術」は依然として確立されていないとマティス（James Mattis）米国防長官から疑義が表明された。[74]とは言え、「火星15」型の発射実験がトランプ政権だけでなく全世界を震撼させたのは事実である。米国内では重大な問題提起が行われることになったのである。

(5) 現実化する脅威

既述の通り、北朝鮮が試射を繰り返している弾道ミサイルの中でもとりわけわが国に脅威を与えるのは日本領土ほぼ全域を射程に捉える射程距離約千三百キロ・メートルのノドン・ミサイルや西日本地域を射程に収める射程距離約千キロ・メートルに及ぶスカッドERである。両ミサイルの一部が移動式発射台に配備されていると想定されている。

移動式発射様式は発射に向けた兆候を事前に察知することは容易ではないため、極めて厄介な存在である。移動式発射様式のノドンに小型核弾頭を搭載する「弾頭小型化」の技術革新が加われば、北朝鮮の核の脅威は現実のものとなりかねない。二〇一六年の段階で中距離射程の弾道ミサイルに搭載できる核弾頭をすでに開発したのではないかと推察された[75]。金正恩指導部が遠くない将来、韓国や日本に対し核の恫喝を露骨に行うことが危惧される。

他方、米本土を確実に射程に捉えるＩＣＢＭに搭載する小型核弾頭の開発にはおそらく五年から十年を要するであろうと、二〇一六年の段階で推察された[76]。ところが二〇一七年一一月二九日の「火星15」型ＩＣＢＭの発射実験はミサイル専門家にも衝撃を与えた。前述のエルマンは一年以内に米西海岸に着弾可能なＩＣＢＭの開発に成功するのではないかと結論づけた。このことは二〇一六年九月の段階で五年から十年を要するであろうと目された対米ＩＣＢＭの完成は一年以内に近づいたことを物語る。したがって、これを阻止するのがトランプ政権にとって急務となっているのである。

第Ⅱ章　米朝首脳会談とその後の綱引き

第一節　金正恩による非核化の示唆と緊張緩和

(1) 大規模軍事衝突の危機

⑴「火星15」型ICBM発射実験の衝撃

振り返ると、二〇一七年一一月二九日深夜に強行された「火星15」型ICBMの発射実験と金正恩による「国家核戦力の完成」の宣言は多少なりとも静けさを取り戻した感のあった朝鮮半島情勢を一変させた。[1] 九月一五日の「火星12」型弾道ミサイルの発射実験以降、軍事挑発を金正恩が何とか抑制していたことは金正恩が対話の機会を模索していたのではないかとの見方を呼ぶことになった。しかし「火星15」型の発射実験で明らかになったことは、この間の七五日間、金正恩指導部は一層の能力を備えたICBMの発射実験の準備を黙々と整えていたことを物語った。「火星15」型ICBMが同年七月に二度にわたり試射された「火星14」型ICBMと異なり、米国本土全域を叩く潜在能力を秘めていることが明らかになるに連れ、米国内の対応も急速に強硬論へと傾き出した。マクマスター（Herbert McMaster）大統領補佐官（国家安全保障問題担当）を初めとする政権の面々は時間が余り残されていないと異口同音に繰り返したのは深刻な危機感の表れであった。[2] グラハム（Lindsey Graham）上院議員にあっては在韓米軍の家族の避難を呼び掛けた。[3] 避難が始まれば、米軍による軍事作戦に向けたシグナルと受け止められたであろうことから、避難はまさしく米朝開戦の勃発を占う分水嶺となったであろう。加えて、対米ＩＣＢＭが二〇一八年三月までに完成するとする推定をＣＩＡがトランプ大統領に伝え、それまでの軍事的選択肢の発動を促したのである。[4]

(2) 金正恩の焦燥感

とは言え、金正恩の思い描く通りに事態が万事順調に進捗していたわけではない。その最大の事由は核保有の容認を求める金正恩の呼び掛けに対しトランプが全く動じなかったことからも窺がえた。一一月二九日の「火星15」型の発射実験に対しても、「私が述べたいことは我々が（この問題）に対処するということだけである。……これは我々が処理する状況である」とトランプは落ち着き払った調子で受け止めた。[5]

二〇一七年を通じ金正恩は北朝鮮を核保有国として容認するよう様々な機会を捉えてトランプの容認意思の有無を探ったが、トランプは頑として受け付けなかった。トランプが北朝鮮の核保有を容認する姿勢を一向に見せないことには金正恩も焦燥感を強め出した。金正恩は二〇一七年一一月頃から「国家核戦力の完成」というレトリックをしばしば用いることで、対米ＩＣＢＭの完成による対米核攻撃能力をすでに獲得したとし、核保有の容認を迫る方策に打って出た(6)。しかし「国家核戦力の完成」と叫んでもトランプに振り向いてもらえないことに焦りを覚えた金正恩はさらなる軍事挑発に打って出る必要を改めて痛感したと思われる。すなわち、レトリックでトランプを納得させることができなければ、実際に対米ＩＣＢＭが完成したことを疑う余地のない形でトランプに誇示する必要があった。そのためには色々疑念を持たれていた技術上の課題を克服しなければならなかった。対米ＩＣＢＭの完成に向けて今後どれほどの実験が必要であろうか。「弾頭小型化」の技術革新を確立するために第六回核実験でまだ不十分であると判断すれば、第七回核実験を強行するであろうと見られた。また五百キロ・グラム相当の重量の弾頭を搭載した「火星15」型を「ロフテッド軌道」ではなく通常軌道で打ち上げ大気圏再突入に成功したことを実証する必要に迫られるであろう。そうした実験を通じ技術上の課題が克服されたことをトランプに明白な形で見せ付けて始めてトランプを真剣にさせるであろう。

ところがこの間、金正恩体制は経済制裁により厳しく締め上げられていた。二〇一七年だけで北朝鮮に対する経済制裁を盛り込んだ国連安保理事会決議が四件も採択され、主な輸出品目の石炭、鉄・鉄鉱石、鉛・鉛鉱石、海産物なども全面的に輸出禁止になっただけでなく主な輸入品目である石油の供給にも縛りかかり、石油精製品の供給については実に約九割も削減されることになった。(7) 制裁の履行には抜け穴や抜け道があるとしても経済制裁が日々強まっていたことは事実であった。しかも対米ＩＣＢＭの完成にトランプ政権が危機感を募らせる中で、米軍による北朝鮮の核・ミサイル関連施設への先制攻撃の可能性が日々高くなっていた。すなわち、金正恩はトランプを追い込んでいたようでもあり、その実追い込まれてもいたのである。

(2) 金正恩の非核化への戦術転換

(1) 金正恩による平和攻勢

金正恩が戦術転換を図ったのはこうした文脈の下であったと推察される。二〇一八年元旦に金正恩は新年の慣例となっている「新年の辞」を発表した。金正恩は平昌（ピョンチャン）オリンピックへの参加を示唆すると共に南北対話を呼び掛けるという平和攻勢に打って出ると共に、トランプに対するこの上ない恫喝を突き付けた。「……米国は決して私と我々の国家を相手にして戦争を仕掛けることはできないであろう。米本土全域が我々の核攻撃射程圏内にあり、核のボタンが常に私の執務室の机の上に置かれている。これは決して脅しではなく現実であることをはっきり知るべきである」と、金正恩はトランプを激しく脅した。[8] これに対し、トランプは直ちに言い返した。「……金正恩が『核のボタンが常に机の上にある』とたった今言ったが、私はそれよりも大きくて強力な核のボタンがあるという事実を、飢えて疲弊した体制の誰かが彼にどうか知らせてほしい。しかも私のボタンは作動する。[9]」

ところで、金正恩が平昌オリンピックへの北朝鮮の参加の意向をほのめかすと、文在演韓国大統領は全面的に歓迎したことにより、南北関係は一転、融和へと転じ始めた。確かに韓国と韓国民の置かれた状況には微妙なものがあった。「火星15」型ICBMの発射実験の際に文在演が窮状を訴えたように、韓国にとって金正恩による核の恫喝も怖ければ、トランプによる北朝鮮の核・ミサイル関連施設への先制攻撃も怖かった。[10] そこで南北間で融和関係を醸成できれば、その融和関係を米朝間に拡大できるのではないかと、希望的観測を文在演はめぐらしたのであろう。韓国の抱えた板ばさみを考えれば、文在演の思惑もわからないわけではなかった。しかし南北対話と連動して韓国内の世論が北朝鮮との全面融和へと傾く可能性があった。米韓同盟に楔を打ち込みたい金正恩の狙いはまさにそこにあった。金正恩にすれば、米韓の間に吹き始めた隙間風は願ったり叶ったりであった。二〇一八年一月九日に南北会談が南北間の軍事境界線上に位置する板門店（パンムンジョム）

で始まった。[11] 同日、文在演政権は北朝鮮が二月の平昌オリンピックに参加する意思を示したことを明らかにした。

(2) 韓国大統領特使団による訪朝（三月五日）

平昌オリンピックが二月一〇日に開催された。金永南（キム・ヨンナム）北朝鮮最高人民会議常任委員長や金正恩の実妹の金与正（キム・ヨジョン）など北朝鮮代表団が平昌オリンピックの開会式への出席のため訪韓し、二月一〇日に北朝鮮代表団が文在演と会談した。金与正が文在演に手渡した金正恩の親書には金正恩が平壌で南北首脳会談を開催する用意があることを伝え、その南北首脳会談へ文在演をお招きしたい旨が書かれていたのである。[12]

三月五日に鄭義溶（チョン・ウィヨン）国家安保室長や国家情報院の徐薫（ソ・フン）院長を初めとする韓国大統領特使団一行が文在演の親書を持ち訪朝した。金正恩から破格の待遇を受けた特使団は翌日、帰国し、文在演に訪朝について報告すると、文在演は直ちに南北首脳会談の開催を決めた。[13]

鄭義溶によると、北朝鮮への脅威が低減され体制が保証されるならば、非核化に向けてトランプ政権と話し合いを行いたい旨を金正恩は申し出たと言う。南北対話が続く期間中は弾道ミサイルの発射実験を強行しないことに加え、韓国への攻撃を行わないことを金正恩は明らかにしたという。加えて、南北首脳会談を四月に開催する方向で合意したことを韓国特使団は明らかにした。開催場所は板門店の「平和の家」に決まった。

（3）トランプ、米朝首脳会談開催の決断（三月八日）

⑴金正恩の「四つの譲歩」

金正恩との会談を終えた鄭義溶は文在演に訪朝の内容について報告した後、まもなく訪米した。八日に行われたトランプとの会談で、鄭義溶は金正恩との面談の内容を伝えると共に金正恩の親書をトランプに手渡した。即日、トランプは米朝首脳会談の開催を決断したのである。[14]

ポンペオCIA長官（当時）はトランプが米朝首脳会談の開催を決断した背景に、「四つの譲歩」を金正恩が示唆したことをトランプが評価したと発言した。[15] ポンペオによると、金正恩の示唆した「四つの譲歩」とは、一．非核化の意思表示、二．核実験の停止、三．弾道ミサイル発射実験の停止、四．米韓合同軍事演習の容認などであった。

自国を「責任ある核保有国」や「核強国」であると事ある度に吹聴してきた金正恩のそれまでの強硬一辺倒な姿勢を踏まえると、「四つの譲歩」からは意外な印象を受けた。非核化の意思表示を行っただけでなく、米国本土にも脅威を与えうる核実験やミサイル発射実験を停止することに加え、北朝鮮に多大な脅威を喚起する米韓合同軍事演習を容認するというのはにわかに信じがたい譲歩であったと言えよう。額面通り受け取れば、トランプの日頃の持論を金正恩が受け入れたことになろう。このことは金正恩が白旗を掲げトランプの軍門に降ったことを意味したであろうか。金正恩が示唆したとされる「四つの譲歩」が真摯に実施されれば、北朝鮮による核の脅威は確実に低減するであろう。朝鮮半島での軍事衝突の危機は一先ず去るゆえに、望ましいことに違いなかった。とは言え、金正恩の「四つの譲歩」を鵜呑みにすることはできようか。金正恩が「四つの譲歩」を示唆した背景には何があったのか。

(2)経済制裁の効果

二〇一七年の展開は金正恩指導部が対米ＩＣＢＭの完成を通じた対米核攻撃能力の獲得に向け狂奔を続けた一方、そうはさせじと対北朝鮮経済制裁による圧力強化と軍事的選択肢の発動に向けた準備にトランプ政権が邁進したことに標される通り、米朝双方が激しく鬩ぎ合った一年であった。その結果、対米ＩＣＢＭの完成に向けて大きな進展があった一方で、かつてないほど厳しい経済制裁により金正恩指導部は締め上げられる格好になった。

金正恩が急遽、音を上げたかのように譲歩の意を表した背景に、対北朝鮮経済制裁が殊の外、効き始めていたことがあったことは間違いないであろう。二〇一七年を通じ習近平指導部はトランプの要求を受け入れたかのように、北朝鮮に対する経済制裁を盛り込んだ安保理事会決議の採択で毎回のように支持に回り、矢継ぎ早に決議が採択された。この結果既述の通り、北朝鮮の主要輸出品である石炭、鉄・鉄鉱石、鉛・鉛鉱石、海産物などの輸出が全面禁止となった。他方、主要輸入品である石油の内、原油は例年通りに供給される反面、ガソリン、軽油、重油といった石油精製品の九割近くが削減されることになった。こうした厳しい経済制裁が発動されることは金正恩にとって想定外の展開であったに違いない。その意味で、トランプによる経済制裁に重きを置く圧力路線は着実に効果をあげていた。経済制裁の履行を怠ることがあれば、トランプに矛先を向けられセカンダリー・ボイコットとして経済制裁対象となりかねないことを勘案し、対北朝鮮経済制裁の履行に習近平指導部は前向きになった。長期にわたり北朝鮮の体制と経済を中国が背後から支えてきたことを踏まえるとき、かつてなかったことである。中国が安保理事会決議に従い経済制裁を真摯に履行することがあれば、遠からず北朝鮮経済が干上がりかねないことが予想された。主要輸出品の輸出や海外への労働者派遣が禁止され外貨が一向に入らなくなるだけでなく、国家の生命線とも言える石油の入手がままならなくなるという事態が起こりつつあったのである。

(3)不発に終わった「国家核戦力の完成」

金正恩は当初、対米ＩＣＢＭを完成させることを通じ対米核攻撃能力を獲得し、その勢いでトランプとの米朝核交渉に臨み、法外とも思われる一連の要求を突きつけたいと目論んだ節があった。その要求とは核保有の容認、経済制裁の解除、体制保証、朝鮮戦争休戦協定に替わる平和協定の締結、在韓米軍の撤収、米朝国交正常化など、とてもトランプにとって受け入れられない内容であると推察された。[16]二〇一七年九月三日にはＴＮＴ爆薬換算で爆発威力が約百六十キロ・トンに及んだと目される水爆実験を強行し、一一月二九日深夜には潜在的な射程距離が一万三千キロ・メートルに及びかねない「火星15」型ＩＣＢＭの発射実験を強行した。[17]その上で、金正恩は「国家核戦力の完成」が成就したと言明し対米核攻撃能力をついに獲得したことをトランプに印象付けようとした。「国家核戦力の完成」を背景として米朝核交渉に乗り出したいと金正恩は目論んだようであったが、トランプは全く動じなかった。そればかりか、今後核実験やＩＣＢＭ実験を強行することがあれば、北朝鮮の核・ミサイル関連施設に対する軍事的選択肢の発動たる空爆の断行を躊躇しないことを幾度となくトランプは示唆した。こうして金正恩が思い描いた当初の目論見が崩れ始めたのである。

(4) 対米ＩＣＢＭ完成への技術上の課題

加えて、対米ＩＣＢＭの完成に向けた技術上の進歩は金正恩が当初思い描いたように万事順調な訳ではなかった。ＩＣＢＭ発射実験や第六回核実験を通じ対米ＩＣＢＭの完成に向けた技術面での向上は確かにみられた一方、対米ＩＣＢＭの完成には技術上の課題が幾つも残っており、そうした技術上の課題はトランプに見透かされていた。「火星15」型ＩＣＢＭの発射実験で示された通り、弾道ミサイルの「長射程化」技術は躍進していた一方、核弾頭を弾道ミサイル上部に搭載できる程に小型化する「弾頭小型化」技術、さらに核弾頭が大気圏に再突入する際に発生する猛烈な高温と振動から弾頭を保護すると共に起爆させる「再突入技術」はまだまだ確立されていないとみられた[18]。対米核攻撃能力を獲得したと金正恩が言明しても当のトランプから相手にされないばかりか、トランプが空爆に向けて周到に準備を重ねることがあれば、金正恩としては元も子もなくなりかねなかった。

(5)トランプによる軍事的選択肢の発動への危惧

しかも北朝鮮の核・ミサイル開発で中心的な役割を果たしてきた寧辺の核関連施設や豊渓里の核実験場が米軍による空爆で一挙に叩き潰されかねない可能性があった。そうなれば、対米核攻撃能力の獲得に向けたこれまでの努力がすべて水泡に帰すことになりかねなかった。これは金正恩にとって何としても回避したいところであった。

(6)トランプの判断

この間、トランプは金正恩が非核化を受け入れて初めて対話に応じるとした基本姿勢を一貫して崩さなかった。その意味でトランプの基本姿勢にぶれはなかった。そうした中で、金正恩は戦術転換を行うことが得策であると判断したのではなかろうか。非核化に応じる用意があるとトランプにシグナルを送ることで、米朝首脳会談に辿り着きたいのが金正恩の本音であった。その米朝首脳会談とは上述の通り、金正恩が当初思い描いていた北朝鮮の核保有の容認に始まり一連の要求をトランプに突きつけることを狙った交渉ではなかった。その反対に表向き上はトランプがしばしば発言したところの北朝鮮の非核化に向けた交渉であった。すなわち、金正恩がトランプの持説に歩み寄った格好での米朝首脳会談であった。これまで強硬一辺倒であった金正恩が急遽、柔軟になったように映るし、ここにきて突如、金正恩が弱気になったように見えた。本当のところはどうであったのか。

金正恩が表向きとは言え非核化の意思表示を行ったことに、自らの狙いが功を奏したとトランプは自賛したであろう。また金正恩の申し出をむげに却下した結果、退路を断たれた金正恩指導部が今後、対米ＩＣＢＭの開発に猛進し大規模な軍事挑発を繰り返し、遠からず対米ＩＣＢＭの完成に近づくという事態はトランプとしても回避したいところであった。こうしたことを踏まえ、非核化に応じる用意があるとした金正恩の言葉を尊重する格好で米朝首脳会談を開催し、その場で金正恩の真意を確認したかったのではなかろうか。すなわち、米朝首脳会談の開催を決断したトランプの判断の裏には金正恩指導部による対米ＩＣＢＭ開発が間断なく進捗しており、その進捗を確実に止めるためには金正恩との首脳会談が重要であり、その会談で金正恩から直接、非核化の意思表示に始まる「四つの譲歩」の真意を探りたいとトランプが判断したと考えられたのである。

（４）金正恩の譲歩の落とし穴

⑴金正恩の誘い水

とは言え、これらの譲歩を鵜呑みにして金正恩が真摯に核を放棄すると考えることは、北朝鮮との間で行われた幾つかの取引で米政権が味わうことになった苦い経験に照らして見たとき希望的観測に過ぎないことが理解できた。(19) 首脳会談の開催をトランプから引き出すための譲歩であることを踏まえ、これらの譲歩を通じ金正恩指導部が狂奔を続ける核・ミサイル開発に実際に楔を打つことができるかどうかを考察する必要がトランプにあった。

(2) 非核化の意思表示

これまで北朝鮮の非核化をトランプが米朝対話の前提条件に据えてきたことから、金正恩が米朝対話を実現する誘い水として非核化の意思表示を持ち出したことは理解できよう。とは言え、金正恩の示唆した非核化の意思表示とは何であったのか。金正恩はあくまで非核化の意思があることをほのめかしたのであり、非核化を真摯に行うと言及したわけではなかった。このことは非核化に向けた果てしなく続く長い道のりの入り口を立つことを金正恩が示唆しただけであると捉えることができた。

過去の米政権が金体制への関与と関与の頓挫を繰り返したことを踏まえたとき、このことは明白であった。一九九〇年代初めに金日成が非核化の意思表示を繰り返し行ったのに応じる形で、クリントン政権が米朝高官協議を開催し紆余曲折の末に九四年一〇月に米朝枠組み合意（Agreed Framework between the United States of America and the Democratic People's Republic of Korea）を成立させた。[20] その合意とは、北朝鮮が寧辺においてそれまでプルトニウム開発計画を推進していた問題の核関連施設を凍結し二〇〇三年までに核関連施設を解体すると共に核燃料棒を廃棄する一方、それまでの間のつなぎ燃料として毎年五十万トンの重油を供給すると共に二〇〇三年までに二基の軽水炉（寧辺の黒鉛炉と異なり減速材に軽水を使用する原子炉）を米国は見返りとして提供する内容であった。その後、米朝枠組み合意に従い寧辺の核関連施設が凍結された一方、米国が重油を提供し続けたことにより同合意はなんとか履行されていた感があった。

ところが、一九九〇年代後半に金正日指導部は閉鎖された核関連施設とは別の極秘施設において高濃縮ウラン開発計画を推進していたと目される。[21] これに対し、同計画が進められていることに危惧の念を抱いたブッシュ政権が二〇〇二年秋に同計画の存在を暴露したことにより、米朝枠組み合意は破綻を余儀なくされた。[22]

しかし今度はこれに激怒した金正日指導部が二〇〇二年一二月に寧辺での核関連活動を再開しＮＰＴ（核拡散防止条約）を脱退すると、危機感を持ったブッシュは六ヵ国協議（Six Party Talks）の開催を決断した。[23] 二〇〇三年八月に始まった同協議では二〇〇五年九月に「共同声明（the Joint Statement）」、二〇〇七年二月に「共同声明の実施のための初期段階の措置（Initial Actions for the Implementation of the Joint Statement）」、同年一〇月に「共同声明の実施のための第二段階の措置（Second-Phase Actions for the Implementation of the Joint Statement）」など幾つかの合意が成立した。[24]しかし合意の履行は不十分なまま二〇〇八年一二月までに同協議は事実上、頓挫するに至った。[25]

その後、二〇一二年二月にはオバマ政権が発足したばかりの金正恩指導部との間で米朝食糧・凍結合意を成立させた。[26]同合意には、北朝鮮が核実験、長距離弾道ミサイル発射実験、寧辺の核関連施設でのウラン濃縮活動を凍結する一方、米国は見返りとして二十四万トン相当の食糧を提供する内容が盛り込まれた。ところが、合意成立からわずか二ヵ月後に金正恩指導部が人工衛星打上げを偽装した長距離弾道ミサイル発射実験を強行するに至り、これに怒ったオバマは米朝食糧・凍結合意を反故にしたという経緯がある。[27]

このようにクリントン、ブッシュ、オバマの三代にわたる米政権は多かれ少なかれ北朝鮮に対する関与政策を続けたものの、米政権の狙いは外れ続けた。この間、北朝鮮にいいように米国が振り回されたとの感がある。こうした歴代の米政権による関与は明白な失敗であったとトランプの目に焼き付いている。かつての政権の轍を踏まないために、首脳会談を開催しその席で非核化を示唆する金正恩の真意を確かめたいというのがトランプの問題意識であった。

(3) 核実験の停止

核実験の停止や弾道ミサイルの発射実験の停止という譲歩にしても落とし穴が幾つもあった。金正恩は核実験や弾道ミサイルの発射実験を一定期間、停止することを示唆したのであり、今後実験を二度と行わないと発言していたわけではなかった。しかもこれまで六回に及ぶ核実験を通じ爆発威力の増大と「弾頭小型化」に向けた技術は着実に前進していた。第三回核実験までは核爆弾の爆発実験であり弾道ミサイル上部に搭載する核弾頭の爆発実験ではなかったと目される。ところが、二〇一六年一月の第四回実験において「ブースト型原爆」実験が行われたのに続き[28]、同年九月の第五回実験では核弾頭の爆発実験が行われたと見られる[29]。さらに二〇一七年九月の第六回核実験において爆発威力が約百六十キロ・トンに及ぶと推量される水爆実験が強行されるに及んだ[30]。こうした核実験を通じ弾道ミサイル上部に搭載できる程に核弾頭を小型化する「弾頭小型化」技術は曖昧かつ不透明なところを残しているとは言え、確実に進展していた。加えて、第六回核実験での水爆実験に見られる通り、爆発威力は桁外れに増大しているのが現実であった。六回の核実験を通じ「弾頭小型化」技術の確立に向けて必要なデータが相当蓄積されているであろうと推察される。今後、核実験の停止により同技術の確立に向けたデータ収集に制約が生じるであろうが、外部から目の届かない幾つもの核関連施設において同技術の確立に向けて開発を続けることができるであろうと推察される。

(4)弾道ミサイル発射実験の停止

弾道ミサイル発射実験の停止にしても同様のことが言えた。金正恩が示唆したという弾道ミサイル発射実験の停止とは射程距離上、ICBMを指すのか、中距離弾道ミサイルや短距離弾道ミサイルを含めたものなのか曖昧であった。おそらくトランプから了解を引き出すためには米国にとって最大の脅威となっているICBMの発射実験の停止を指したのであろう。それでは日本や韓国を射程内に捉える中距離ミサイルや短距離ミサイルは発射実験停止対象から除外されるかどうか不透明であった。

わが国に脅威を与える中距離弾道ミサイルはすでに完成段階にあるという推察がある。日本領土のほぼ全域を射程に捉える射程距離約千三百キロ・メートルのノドン・ミサイルや西日本地域を射程に収める射程距離約千キロ・メートルに及ぶスカッドERは特に警戒を要する。[31]両ミサイルの一部が移動式発射台に配備されていると想定される。移動式発射様式は発射に向けた兆候を事前に察知することは容易ではないため、極めて厄介な存在である。二〇一六年の段階でこれら中距離弾道ミサイルに搭載できる小型核弾頭がすでに開発されたのではないかとの見方があった。と言うことは、ミサイル発射実験の停止いかんにかかわらず、これらのミサイルは実戦で使用可能であることを意味したのである。

他方、米本土を確実に射程内に捉えるＩＣＢＭの開発には五年から十年を要するであろうと推察されていた。ところが二〇一七年一一月の「火星15」型ＩＣＢＭの発射実験は多大な衝撃を与えた。[32]一年以内に米西海岸に着弾可能になるＩＣＢＭが完成するのではないかと一部のミサイル専門家が推察した。[33]とは言え、「弾頭小型化」や「再突入技術」の確立が技術上の課題として残されている。対米ＩＣＢＭの完成にはこれらの技術を確立するために今後も発射実験が必要であり、最終的には李容浩（リ・ヨンホ）北朝鮮外相が二〇一七年九月にほのめかした通り、「太平洋上での水爆実験」を金正恩指導部は視野に入れていたであろう。[34]同実験とは核弾頭搭載ＩＣＢＭを太平洋方面に発射し太平洋上で核爆発実験を行うことを意味するのではないかと推察された。同実験は対米ＩＣＢＭの実戦配備に向けた最終実験というべきもので、そのための性能向上はこれまた外部から目の届かない施設で十分に可能であると考えられた。したがって、弾道ミサイル発射実験の停止も歓迎されるとは言え、それだけで弾道ミサイルの性能向上を止めることにはならなかったであろう。

(5)米韓合同軍事演習の容認

金正恩の譲歩の中で意外な感を受けたのは米韓合同軍事演習の容認であった。金日成と金正日の時代から金体制に最も脅威を与えてきたのは米韓合同軍事演習であった。しかも米韓連合軍はその作戦計画を従来の「作戦計画５０２７（"OPLAN5027"）」から「作戦計画５０１５（"OPLAN5015"）」に二〇一五年に移行させ、金正恩指導部が韓国への先制攻撃に打って出る兆候をつかみ次第、機先を制するかのように北朝鮮の攻撃発動拠点に対する先制攻撃を断行する内容を盛り込んだ攻撃型なものに変更していた。[35] しかも米韓合同軍事演習では金正恩に対する「斬首作戦」が排除されていなかった。同演習が金正恩に最も脅威を与えることは間違いなかった。その演習を容認するというのは金正恩にとって確かに大きな譲歩であろう。この譲歩はトランプから米朝首脳会談開催の了解を取り付けるために金正恩が見せた苦肉の策と言えるものであった。

総じて言えば、金正恩の譲歩とされるものが対米ＩＣＢＭの完成に向けた開発に確実に楔を打つことにはつながらないであろう。これらはあくまで米朝首脳会談を実現するための誘い水であり、幾つもの落とし穴があることに留意する必要があったのである。

（5） 金正恩とトランプの駆け引き

(1)金正恩の腹積もり

米朝首脳会談の開催が実現の運びになったとは言え、双方の立場には非核化の捉え方を巡り大きな隔たりがあった。首脳会談に臨む両首脳は対極の視点から非核化への取組みを捉えていた節があった[36]。

金正恩にとって非核化の完遂は米朝首脳会談を皮切りにこれから始まる可能性のある米朝核交渉の最終到達点であり、その前に金正恩体制の保証に始まりありとあらゆる便宜を米国が提供しなければならないと、金正恩は目論んでいると考えられた。その実現のために金正恩が拘泥すると目された非核化の方式は非核化の全工程を数段階に区切り、各段階において北朝鮮が非核化に向けた措置を履行するのと同時並行する形で、その都度米国が見返りの提供を行うという「段階的で同時並行的な措置」であった。

金正恩の見返りの要求にはどのようなものがあろうか。日一日と厳しさを増す経済制裁に窮している金正恩指導部にとって経済制裁の解除や緩和がとにもかくにも最大の優先事項であったであろう。北朝鮮国民の多くが飢餓の危機に瀕していると人道的観点から経済制裁の全面的解除、少なくとも一部解除をトランプに配慮して頂きたいと金正恩は求めると考えられた。また金正恩は一九五三年七月の朝鮮戦争休戦協定に替わる平和協定の締結を求めたいであろう。これと関連して、自らの体制の存続を確保したい金正恩にとって体制の保証を何としても得たいところであった。さらに平和協定の締結に続き米朝国交正常化を金正恩は果たしたいところであった。これと並行して、膨大な量の食糧や燃料の支援を金正恩は要求したかったところであろう。

すなわち、金正恩の狙いは長期にわたる米朝核交渉にトランプを引き摺り込むことにあろう。この結果、かりに非核化が完遂することがあるとしても数年以上先のことになる可能性があった。それまで米国は北朝鮮への関与を続けなければならない。言葉を変えると、米国は今後長々と金正恩体制の面倒をみなければならない可能性がある。こうした手法は一九九〇年代前半の米朝高官協議において金日成指導部が、二〇〇〇年代の六ヵ国協議において金正日指導部が執拗に繰り広げた手法を想起させる。金日成や金正日が繰り広げた手法に金正恩が出てくるのは目に見えていた。

要するに、米朝核交渉が始まるとすれば同交渉において各種の争点を可能な限り細分化し、その一つ一つにおいて細々と持論を展開することにより散々、遅延工作を続け、その間に膨大な量の支援を頂くと共に時間をできるだけ稼ぎ核・ミサイル開発を続けるというものであった。クリントン、ブッシュ、オバマの三代の米政権が陥った苦い経験を踏まえ、そうしたからくりがあることをトランプが理解しなければ、金正恩がめぐらすであろう術策にトランプもはまる可能性があった。反対に、トランプが警戒心を怠らず金正恩に首尾よく対処するのであれば、長々と続きかねない遅延工作ともとれる術策に乗ってしまうということはないと推察された。

(2) トランプによる牽制

これに対し、過去の米朝枠組み合意や六ヵ国協議における取引をよしとしないトランプは「段階的で同時並行的な措置」に懐疑的であった。トランプが目指した非核化は「完全で検証可能かつ不可逆的な非核化（complete, verifiable, and irreversible denuclearization, or CVID）」という語句に表現される方式であった[37]。直ちに「完全で検証可能かつ不可逆的な非核化」を金正恩に要求すると共に北朝鮮の非核化を完遂して初めて見返りを提供する用意があるとし、それまでは経済制裁の実施に重きを置いた圧力行使を堅持するのがトランプの基本姿勢であった。

このように非核化の実施方式に対する両首脳の考え方が全く異なることに留意する必要があった。「完全で検証可能かつ不可逆的な非核化」を金正恩が受け入れるとは考え難かった。そうなれば、首脳会談での議論は多かれ少なかれ平行線を辿ることが予想された。金正恩の真意を確かめることにトランプの狙いがあるとすればそれでよかったかもしれないが、それでは首脳会談は非核化の実施方式を巡り鋭く対立したまま終わりかねなかった。

米朝首脳会談を即断したトランプは三月一〇日に金正恩に牽制ともとれる発言を行った。「私はすばやく立ち去るかもしれないし、あるいは対話の席に着いて世界にとって最も素晴らしい取引ができるかもしれない[38]。」すなわち、米朝首脳会談で歴史的な合意に達することもあるし、会談が決裂することもあるという示唆をトランプは与えた。トランプの言う「世界にとって最も素晴らしい取引」とは金正恩が「完全かつ検証可能で不可逆的な非核化」を受け入れることであると考えて間違いなかった。しかし金正恩が「完全かつ検証可能で不可逆的な非核化」を受け入れるということは完成に向けて近づいているとされる対米核攻撃能力を自ら手放すことを意味した。これまでの経緯を踏まえるまでもなく金正恩が「完全かつ検証可能で不可逆的な非核化」に真摯に応じることは考え難いことであった。

金正恩の真意がつかめたとして会談をトランプは立ち去るのか。それとも首脳会談での主張の隔たりを踏まえこれ以降両外交団による米朝核交渉に委ねるとトランプは判断するのか。とは言え、それでは長期にわたる交渉になることを意味し過去の交渉の二の舞となりかねない可能性が高かった。金正恩の真意を確かめたトランプがどのように首脳会談を締めくくるかにその成否はかかっていた。

(6) 第一回中朝首脳会談(三月二五日 - 二八日)

(1) トランプによる外交人事の刷新と金正恩の危機感

トランプが求めるであろう「完全で検証可能かつ不可逆的な非核化」に応じる意思は金正恩には毛頭ないと考えられたこともあり、首脳会談は安易に楽観できないという見解が飛び交った。トランプにとって首脳会談の狙いが金正恩の真意を確かめることにあるとすれば、金正恩が真摯に非核化に応じる意思はないと判断すれば、会談の席を立ち去ることもやぶさかでないとみられた。他方、金正恩にとってはそうはいかないところであった。もし首脳会談が決裂に終わるという事態ともなれば、経済制裁による圧力は一段と増し核・ミサイル関連施設への米軍による空爆も現実味を帯びるからであった。そうしたことから、何としても首脳会談で一定の成果をあげるために金正恩が躍起となることが予想された。

この間、金正恩に追い打ちをかけたのはトランプによる外交人事の刷新であった。米朝首脳会談を見据え人事の刷新をトランプは行ったがこれは金正恩にただならぬ衝撃を与えた。ティラーソン（Rex W. Tillerson）国務長官を解任し対北朝鮮強硬派のＣＩＡ長官のポンペオを据えた一方[39]、大統領安全保障担当補佐官をマクマスターからこれまた強硬派のボルトン（John Bolton）に変更した[40]。ポンペオとボルトンがトランプを取り囲む格好での米朝首脳会談ともなれば、金正恩は非核化への取組みを巡り一気に押し込まれかねなかった。この結果、金正恩が持論とする「段階的で同時並行的な措置」は真っ向から棄却され、トランプに「完全で検証可能かつ不可逆的な非核化」を突き付けられ、その場で会談は行き詰まりかねなかった。会談が決裂することがあれば、対北朝鮮経済制裁が一層強化されまた空爆に向けた準備が進みかねなかった。

(2) 習近平への金正恩の接近

こうした状況の下でサプライズを得意とする金正恩がどういった策に打って出るか。金正恩が講じた策は習近平中国国家主席との中朝首脳会談であった。[41] 何の前触れもなく三月二五日から二八日まで金正恩は訪中した。世界に衝撃が走った。

金正恩からみて非核化への取組みにおいてトランプによる圧力に曝され最終的にトランプに同調するとみられる文在演では物足りなかった。強力な後ろ盾が必要であるとみた金正恩にとって習近平は格好の人物であった。中朝首脳会談を開催し習近平から金正恩の考える非核化への取組みに理解を頂き、これを梃子にして米朝首脳会談において北朝鮮の非核化への取組みを主張したいところであった。そうなれば、トランプとしても首脳会談決裂という形で金正恩を突き放せなくなるとの読みが金正恩を動かしたと推察できた。

(3) 中国の存在感

北朝鮮へ与える影響力において圧倒的な存在感を持っていたのは中国である。このことは中国が北朝鮮に対する梃子を持つという表現でしばしば表されてきた。北朝鮮の貿易総額において中国が九割以上を占めることに加え、中国産出石油が北朝鮮へ供給される石油総量の九割以上を占めるという事実を勘案すると、習近平指導部の決断いかんで金正恩指導部は一気に追い詰められかねなかった。[42]

習近平指導部は近年、金正恩指導部に対する姿勢を次第に硬化させていた。その最大の事由は金正恩指導部が対米核攻撃能力の獲得を目論み核・ミサイル開発に向けて突き進んだことにある。特に中朝国境に近接した豊渓里での度重なる核実験は中国東北地方に与えかねない環境上の影響もあり、習近平指導部は苛立ちを隠せなかった。

金正恩指導部が対米核攻撃能力の獲得に向けて猛進しこれに対しトランプ政権がそうはさせじと反駁する中で、二〇一七年四月上旬に米中首脳会談が開催された。首脳会談の席上、第六回核実験に向けて準備を進めていた金正恩を制止すべくトランプから北朝鮮へ圧力を行使するよう習近平は要請された。案の定、四月中の核実験の強行を焦る金正恩は習近平に核実験の予定を通知すると、習近平は石油の供給制限の脅しを突き付け金正恩に核実験を自粛するよう促した。(43) この結果、四月中の核実験を金正恩は不承不承ながらも見送ったという経緯があった。

これと並行する形で米朝対立が日々深まる中で習近平指導部はメディアを通じ中国の基本的立場を明らかにすると共に、米朝対立から一線を画する姿勢を堅持しようとした。朝鮮半島において米朝間で軍事衝突が勃発するといった事態が起きようとも中立の姿勢を中国は堅持すること、かりに米国が北朝鮮の核・ミサイル関連施設への空爆を断行することがあるとしても中国は黙認する用意がある一方、米軍が南北を分ける軍事境界線を突破、北進する場合、米軍の北進を座視することなく中国人民解放軍は軍事介入に踏み切るなどを中国共産党系メディアの『環球時報』を通じ事ある度に習近平指導部は発信した。[44] これに対し金正恩指導部は北朝鮮国営メディアの『朝鮮中央通信』を通じ習近平指導部の姿勢を痛烈に批判した。[45] この間に『環球時報』と『朝鮮中央通信』の間で繰り広げられた論争はかつての「中ソ論争」ならぬ「中朝論争」を連想させるほどであった。その後、安保理事会での対北朝鮮経済制裁を巡る審議において石油の全面供給禁止が米中間での論点となった。トランプが石油の全面供給禁止を習近平に要求すると、習近平は猛反発に転じた。これに対しトランプが中国にセカンダリー・ボイコットを突き付けるに至り、習近平はトランプに同調する格好で決議採択の支持に回った。しかも習近平はそれまでと違い決議の履行に協力するようになった。二〇一七年の終りまでに対北朝鮮経済制裁が実効性を持つに至った背景には習近平指導部が制裁の履行に前向きになったことが大であった。これが対米核攻撃能力の獲得に向けて狂奔を続けていた金正恩指導部の目論見を狂わした重要な事由であったと推察された。

(4) 第一回中朝首脳会談

金正恩が二〇一八年元旦に急遽、戦術転換を図り平和攻勢に打って出た背景には経済制裁が殊の外効果を発揮し始めたことがあろう。とは言え、金正恩指導部が急に非核化への取組みに言及したことは習近平としても歓迎せざるをえなかった。金正恩が非核化への取組みを唱える以上、習近平は評価せざるを得なかった。朝鮮半島の平和と安定は中国にとって極めて重要な戦略上の利害であり、朝鮮半島情勢が劇的に変化することを習近平指導部は望まなかった。習近平は金正恩による首脳会談の申し出を快諾した。三月二六日の中朝首脳会談において習近平と金正恩は「漸進的・同時的措置(progressive and synchronous measures)」に合意したとされる。[46] これは金正恩の持論である「段階的で同時並行的な措置」に習近平が同調したことを意味する。非核化の方式について習近平の理解を得てトランプに相対したい金正恩は米朝首脳会談において一方的にトランプに押し切られないがために後ろ盾を得た気分であった。中国が朝鮮半島情勢で久々に存在感を表し始めたことで非核化は複雑な様相を呈し始めたのである。

(5) 金正恩の狙い

既述の通り、二〇一八年元旦に机の上には「核のボタン」が置かれていると吹聴した金正恩が習近平を前にして三月二六日、「祖父の金日成主席と父の金正日総書記の遺訓に基づき、朝鮮半島非核化の実現に力を注ぐのは我々の終始一貫した立場」であると言明した。[47] 舌の根の乾かぬうちに非核化について申し出るところも祖父と父譲りであった。金正恩の言う非核化への取組みについて関係国は皆、半信半疑であったとは言え、金正恩本人が非核化を口にする以上、表向き上、否定はできなかった。

金正恩が習近平に接近したい最大の動機は非核化への取組みについて同意を習近平から得ることにより、米朝首脳会談が決裂した際の対抗基盤を確保することにあった。もし首脳会談が決裂するようなことがあればトランプの強硬姿勢のためであると断じ、習近平を味方につけ対北朝鮮経済制裁から中国を金正恩は離脱させたいところであった。

これに対し、トランプはどのように対処するであろうか。金正恩が対話路線へと戦術転換を図ったのも経済制裁が次第に効き始めていることの裏返しであった。中国が経済制裁から離脱するようなことがあれば、経済制裁は遅かれ早かれ実効性を失ってしまいかねない。したがって、非核化の取組みへの相違が米中間であるとしても、経済制裁の堅持への理解を習近平から引き続いて得る必要がトランプにあった。もしも中国が制裁の履行を緩和するようなことがあれば、対北朝鮮経済制裁網は綻びかねないからであった。したがって、トランプは最大限の圧力を堅持しながら金正恩に非核化への取組みを確実に履行させる必要があった。

第二節　南北首脳会談

（1）南北首脳会談に向けて

(1) 真価が問われる文在演

金正恩は習近平を皮切りに関係各国の首脳と首脳会談を開催することにより理解者を募りたいところであった。金正恩にすれば、「段階的で同時並行的な措置」について習近平からお墨付きを頂いた次は文在演から理解を取り付けることであった。[48] すなわち、金正恩にとって次なる標的は二〇一八年四月二七日に南北首脳会談で顔を合わせる文在演であった。

平昌オリンピックを契機として韓国大統領特使団が訪朝、訪米、訪日、訪ロと獅子奮迅の仲介外交を展開することにより北朝鮮が自ら招いた極度の孤立から脱する道を切り開いたが、その後、金正恩によるほほ笑み外交に外交の主役の座を奪われた感があった。強硬一辺倒であった金正恩がほほ笑み外交を繰り広げていたのは文在演と韓国世論を味方につけようとしていることが透けて見えた。この結果、金正恩のほほ笑み外交に曝され文在演は浮足立っていた感があった。米朝の間でどっちつかずの感のある文在演は金正恩にとって実に組みしやすい相手であった。文在演は金正恩の「段階的で同時並行的な措置」に賛同はしていなかったものの、トランプの「完全かつ検証可能で不可逆的な非核化」を必ずしも支持しているわけではなかった。

二〇一八年元旦から突如、平和攻勢に金正恩が転じたとは言え、ほんの少し前まで遮二無二、対米核攻撃能力の獲得に向けて金正恩は猛進していた。ほほ笑み外交よろしく金正恩が外部世界に愛嬌を振りまいたが、これも祖父と父の時代に彼ら「二人の金」が米政権を懐柔するために繰り広げた外交の真似事であった。非核化に向けて金正恩が動き出した重要な事由の一つは対北朝鮮経済制裁に重きを置いた圧力行使が殊の外功を奏し始めたからであろう。対北朝鮮経済制裁網を寸断すべく金正恩は必死であった。制裁網が寸断されないためには北朝鮮との経済的なつながりが深い中国と韓国が鍵を握ることは明らかであった。文在演がどっちつかずの姿勢を続けることは制裁網の寸断を目論む金正恩に利することになるであろう。金正恩をして非核化を確実に履行させるためには、文在演はトランプと共通の姿勢で南北首脳会談に臨む必要があった。

米朝首脳会談に向けて試金石となるのが南北首脳会談であることは間違いなかった。既述の通り、文在演の非核化への考え方が必ずしもトランプと同一でないことを念頭に、南北首脳会談の開催までに米韓両国は非核化への取組みについて擦り合わせを行う必要があった。案じられたのは文在演が金正恩に阿ってしまい南北首脳会談において文在演が金正恩の考える非核化に理解を示すといった可能性であった。その結果、米朝首脳会談で非核化を巡りトランプと金正恩が相対することになりかねなかった。

金正恩による「段階的で同時並行的な措置」に習近平が傾き、さらに文在演が理解を示すようではトランプが孤立してしまいかねなかった。トランプ政権は改めて「完全かつ検証可能で不可逆的な非核化」を求める立場を文在演政権に向けて言明した。[49] このことは文在演政権が「完全かつ検証可能で不可逆的な非核化」に消極的な姿勢を示していることに対する警告でもあった。

対米核攻撃能力の獲得という金正恩が据えた戦略上の目標に変更はなかった。金正恩が企てているのは非核化という耳障りのよい文言を持ち出しての戦術的な転換に過ぎなかった。実際に金正恩指導部による対米核攻撃能力への狂奔は続いているとみる必要があった。一年以内に技術上の課題が克服され対米ＩＣＢＭが完成するというのはミサイル専門家の予想であった。その判断の基礎となるのは二〇一七年一一月二九日深夜に強行された「火星15」型ＩＣＢＭの発射実験であった。[50] 対米ＩＣＢＭの完成には「弾頭小型化」技術や「再突入技術」がまだ確立されていないとみられるものの、対米ＩＣＢＭの完成に向けた前段階にあるとトランプ政権は捉えていた。と言うことは、同政権からみて一年以内に北朝鮮の非核化が完遂しなければならないことを物語った。そうした認識に立ち、トランプ政権は北朝鮮への対応を決めると考えられた。

二〇〇三年八月から二〇〇八年一二月まで断続的に開催された六ヵ国協議の時はいざ知らず、対米ＩＣＢＭの完成に近づいている現在では状況は大きく異なる。こうした状況の下で、「段階的で同時並行的な措置」を行うことになれば、非核化へ向けた作業を北朝鮮が勝手な事由で突然停止したり、米国による見返りが的確に行われていないとして難癖を付け作業を中断するといった事態が頻発することが懸念された。その度に米朝が調整を行い作業を再開するのであれば非核化プロセスはいつ滞ってもおかしくはなく非核化の完遂はいつまで経っても終わらないであろう。このことはブッシュ政権時代に開催された六ヵ国協議において北朝鮮の核関連施設の無能力化を巡り実際に起きたことであった。そうした問題を内包する「段階的で同時並行的な措置」を支持することは今後長々と続きかねない非核化プロセスを是認することに他ならなかった。

結局、非核化を自ら言い出した金正恩に非核化を完遂させるためにはトランプの言わんとする「完全かつ検証可能で不可逆的な非核化」を金正恩指導部が実行して初めて米国が見返りを提供する方式が実際的であった。これと並行して金正恩指導部に対米ICBMの開発のための時間稼ぎをさせてはならなかった。この間も対米ICBMの開発だけでなく韓国や日本を射程に捉える弾道ミサイルの開発が続いているとみる必要があった。非核化への取組みで日米韓の連携が揺らいでしまえば、日米韓の連携の寸断を狙う金正恩の思う壺であった。文在演の外交の真価が問われたのである。

(2) 文在演の譲歩と一抹の不安

四月二七日に開催される南北首脳会談は凍り付いた南北関係の雪解けに向けた政治的ショーになるとみられた。問題の所在が金正恩指導部による非核化の完遂にあることを文在演は認識していたとは言え、非核化への取組みに向けて金正恩が本気なのかについて文在演はどのように考えていたであろうか[51]。非核化の完遂は極めて難しい課題であると文在演は本音では感じていたであろう。とは言え、融和ムードを文在演は最優先させ、南北融和をひたすら進めようとしていた。この結果、非核化という本質的問題が置き去りになったまま南北融和が一人歩きしている感があった。

金正恩に非核化を完遂する意思が本当にあるのか。非核化について北朝鮮と米韓の間で大差はないと文在演は考えていたようであった。四月一九日付の『中央日報』報道によると、文在演政権は「非核化の定義について米国と協議した結果、我々と北、米国が構想する案に大きな違いはないと考える。……非核化目標をどのように達成すべきかについては細部に差があるため協議が必要である。[52]」しかし現実は文在演政権の発言ほど単純ではなかった。非核化という文言が曖昧なためいかようにも解釈されかねないが、非核化を巡る米朝間の差は細部の差ではなく本質的な差であった。

トランプの言う非核化とは、まず金正恩が「完全かつ検証可能で不可逆的な非核化」を実施して初めて相応の見返りを付与するというものであった。金正恩が先に非核化を完遂して初めて見返りを与えるとトランプは繰り返して示唆していたのに対し、金正恩は「段階的で同時並行的な措置」をほのめかした。これでは非核化への取組みは細部の違いでは決してなかった。非核化が先か見返りが先かという時系列的な問題もさることながら、同様に重大な問題は非核化の対象施設であった。寧辺に集中する核関連施設や豊渓里の核実験場に非核化の対象を限定するのであれば、非核化の完遂は難しくはないであろう。しかし核開発が黙々と行われているとされるその他の多数に及ぶ施設の非核化はどうなるのか。米国の情報機関でさえ北朝鮮の核関連活動の実態を必ずしも十分に把握していないのが現状であった。そうした状況の下で金正恩指導部が特定されていない核関連施設を誠実かつ真摯に申告し、それ受けトランプ政権が関連施設で十分な査察を行い、その上で金正恩指導部が関連施設の廃棄作業を完遂することができるであろうか。特定されていない核関連施設が放置されることがあれば、非核化は実際には完遂することにはならない。

(3) 過去からの教訓

この点でブッシュ政権時代の六ヵ国協議が教訓として重くのしかかった。二〇〇三年八月に同協議に臨むにあたりブッシュ政権は当初、北朝鮮の総ての核兵器開発計画の放棄を掲げ核の放棄を先に行えば見返りを与えると金正日指導部に要求し、同指導部と厳しく対立した。[53] ところが、これに憤激した金正日が膠着状況を打開すべく二〇〇五年二月に核保有宣言を行うと、それまで強硬一辺倒であったブッシュは一転、譲歩に転じ始めた。[54] しかも二〇〇六年一〇月に金正日指導部が第一回核実験を強行するとブッシュは一時期、核関連施設への空爆も検討したが、その直後の中間選挙で思わぬ大敗を喫し米国内での支持が急落すると妥協を行い、寧辺の核関連施設の無能力化を目指した。[55] しかもこれさえも完遂しないまま二〇〇八年一二月までに同協議は事実上、頓挫した。[56] これに失望したボルトン（現、国家安全保障問題担当大統領補佐官）は政権を離れた経緯がある。[57] まさしくブッシュ政権時代の六ヵ国協議は「竜頭蛇尾」と揶揄されるおぞましい結果に終わった。しかも核兵器開発を野放しにしたことが、今日の金正恩指導部による核攻撃能力の獲得に直結している。金正日がブッシュを相手取って行ったことを非核化の名の下で行えば功を奏するであろうと、金正恩は高を括っているであろう。非核化を巡る問題が細部の差であると文在演政権が考えていたとすれば、この細部の差がどれだけ重大であるかを同政権は認識していたであろうか。

しかも南北首脳会談において一九五三年七月の朝鮮戦争休戦協定に取って代わる平和協定の締結を議論するとの話がまことしやかに流れた。[58] 首脳会談では終戦宣言が発表される可能性も伝えられた。[59] 同休戦協定の締結は北朝鮮、中国、米国の間で調印されたが、それに代わる平和協定の締結ともなれば、南北に加え米国と中国の同意が必要である。まして平和協定の締結は敵対行為の禁止を意味するという象徴的な次元では止まらず、北朝鮮の体制を保証することにつながろう。その延長にあるのは膨大な経済支援の提供であった。加えて、平和協定が締結されれば、米朝はもはや敵ではないのであるから、在韓米軍の存在理由は失われかねない。在韓米軍の撤収を金正恩は要求しないとみられるが、遅かれ早かれ在韓米軍の撤収という問題に発展しかねないことが予想される。文在演はこの点についてどれだけ自覚していたのか。

　南北首脳会談に向けてメディアが大々的に伝えることにより、南北融和に向け韓国は熱気に溢れているのが伝わった。こうした中で、南北首脳会談が世界に向けて生中継されることで合意をみた。南北融和を世界に向けて発信することは重要であったとしても、それは政治ショー以外のなにものでもなかった。

　振り返れば、二〇〇〇年六月に開催された第一回南北首脳会談のため平壌を訪問した金大中（キム・デジュン）が金正日と抱擁し合い蜜月ぶりをアピールし、帰国した金大中はその成果を韓国民に訴えた。[60] 韓国民の多くは金大中の訪朝と南北共同宣言を熱烈に歓迎し、南北共同事業が大々的に展開された。一九九〇年代の後半には崩壊の危機が囁かれた金正日体制は大いに潤うことができた。しかししばらくすると何も変わっていないという冷めた現実に韓国民は気づき始めた。その後、二〇〇二年一〇月に金正日指導部が高濃縮ウラン計画を極秘に進めているとブッシュ政権が暴露すると、米朝関係は一気に緊張すると共に南北関係もぐらつき始めた。それでも金大中の後を継いだ盧武鉉（ノ・ムヒョン）は金大中の太陽政策に習い平和・繁栄政策を堅持し南北関係の融和に向けて努力したものの、前述の第一回核実験は南北関係を震撼させた。[61] 平和・繁栄政策は足元をすくわれた格好になったのである。

凍り付いた南北関係を融和に転ずる政治ショーは重要であるとは言え、非核化という本質的問題が置き去りになってはならない。また文在演が安直に南北共同事業の再開などに理解を示すことが案じられた。金正恩がほほ笑み外交よろしく平和攻勢を掛けたのは日々厳しさを増す感のある経済制裁に音を上げているからであった。ところが、文在演政権が経済支援を再開することにより経済制裁を緩めることにつながるとすれば、まさしく金正恩にとって願ったり叶ったりであった。

米朝首脳会談に向けて南北首脳が融和関係を演出したことは理解できたものの、非核化という現実の問題は何一つ動いていないことに留意しなければならなかった。米朝首脳会談への橋渡しとして意味を持つはずの南北首脳会談で文在演が安易な譲歩や妥協を行う結果、米朝首脳会談でのハードルが逆に高くなることが案じられたのである。

しかも金正恩指導部は韓国を武力制圧するための短距離核ミサイルの完成やソウル首都圏に照準を合わせた無数の長距離砲の整備に余念がないことを文在演は忘れるべきではなかった。そして非核化への取組みの本質に迫った瞬間、金正恩が豹変する可能性があることも忘れるべきではなかった。そうした危険性があることを理解した上での政治ショーであると割り切り、南北首脳会談に文在演が臨むのであれば、それなりに評価できたであろう。他方、金正恩による非核化への取組みが真摯かつ真剣であると錯覚して会談に文在演が臨むことがあれば、会談はただの政治ショーで終わったであろう。そればかりではなく非核化が空約束であったとわかったときの跳ね返りには計り知れないほど大きなものがあった。

上記した通り、南北首脳会談の成功を優先するがあまり非核化という肝心の争点を文在演が意図的か否か曖昧にして、金正恩に擦り寄るようなことが憂慮された。非核化への取組みの違いは決して細部の違いではなかった。非核化を巡る本質的な違いがぼかされているような気がした。文在演が融和ムードの中で安易に金正恩のいう非核化に理解を示すことが何よりも懸念されたのである。

(2) 朝鮮労働党、「経済建設に総力を集中する路線」の採択

(1) 「並進路線」の完遂と新路線の採択

二〇一八年四月二七日の南北首脳会談が迫る中、四月二〇日に朝鮮労働党中央委員会総会が開催され、それまでの党の路線を終止すると共に新路線を踏襲するとの重大な決定が行われた。[62] 終止されたのが二〇一三年三月の朝

鮮労働党中央委員会総会で採択された「経済建設と核武力建設の並進路線」であった。[63]これ以降、金正恩指導部は並進路線を猛進してきた。しかし核武力建設は殊の外順調であった反面、経済建設は不調と低迷を脱していなかった。

(2) 金正恩の宣言の狙い

『朝鮮中央通信』報道によると、「……経済建設と核武力建設を同時に並進させる戦略的路線の下での歴史的課題が成功裏に完遂したと金正恩は誇らしげに宣言した。[64]」続いて、「……核兵器開発の全過程が完遂し弾道ミサイルに核弾頭を搭載する事業が完結したことを踏まえ、朝鮮民主主義人民共和国にはいかなる核実験、中長距離及び大陸間弾道ミサイル発射実験の必要もなくなったと金正恩は述べると共に、北部の核実験場も使命を終えたと付け加えた。[65]」その上で、「『社会主義経済建設に我々の総力を集中させることにより我々の革命の前進を一層加速させよう』という御旗の下で経済建設に注力しなければならないと金正恩は力説した。[66]」これが「経済建設に総力を集中する路線」であった。

核実験やＩＣＢＭ発射実験の停止と、豊渓里にある核実験場の廃棄が決定したとは言え、「核兵器開発の全過程が完遂し弾道ミサイルに核弾頭を搭載する事業が完結した」という表現は非核化に向けた宣言と言うよりもむしろ反対に核ミサイルの実戦配備に移るという、核攻撃能力の獲得を改めて宣言した印象を与えた。それでは具体的措置として核実験やICBM発射実験の停止と核実験場の廃棄を行うということはどういう意味を持つであろうか。

核実験やICBM発射実験の停止は以前に金正恩からトランプへ伝えられていたことから目新しいものではなかった。三月一一日にポンペオCIA長官（当時）はトランプが米朝首脳会談の開催を即断した背景に、「四つの譲歩」を金正恩が示唆したことをあげた。(67)ポンペオによると、「四つの譲歩」とは、一．非核化の意思表示、二．核実験の停止、三．弾道ミサイル発射実験の停止、四．米韓合同軍事演習の容認などであった。

今回、決定に盛り込まれた事項は金正恩の「四つの譲歩」の内の二つであった。これらは総て米国からの見返りを前提として北朝鮮が実施する用意のある措置を意味するものであり、朝鮮労働党中央委員会総会の決定として採択されたのである。ただしこの中で弾道ミサイル発射実験の停止が何故か、米国本土に脅威を与える射程距離が長いICBM発射実験の停止に限定された。言葉を変えると、この中にはスカッド・ミサイルなど韓国を射程に捉える短距離ミサイルやノドン・ミサイルなどわが国を射程に捉える中距離ミサイルなどが入っていなかった。

金正恩が今回、核実験やＩＣＢＭ発射実験を停止することを公にした主な事由は、既述の通り、もしも今後米国を著しく挑発する軍事挑発行為を強行することがあれば、トランプ政権は核・ミサイル関連施設へ空爆を断行する可能性があることを踏まえてのことであった。他方、核実験場の廃棄という発言は初めてであったが、その背景には豊渓里の核実験場はこれ以上使用できない状況にあるとの判断があったのではないか。と言うのは、これまで六回に及ぶ核実験は総て豊渓里の核実験場で行われた。二〇一七年九月三日に強行された第六回核実験が事実上、初めての水爆実験であり、その爆発威力は広島型原爆の十倍以上に及ぶ百六十キロ・トン以上に達したことを防衛省は確認した。(68) 中朝国境から遠くない豊渓里の核実験場は習近平指導部が中国東北地方への環境汚染の観点から問題視している施設であった。

ところで、総会での決定は対米核攻撃能力が完成したことをトランプ政権に印象付けようとしたものである。トランプ政権は二〇一七年一一月二九日深夜の「火星15」型ＩＣＢＭの発射実験において最難関技術とされる「再突入技術」が確立されていないと結論づけた。(69) とは言え、一部のミサイル専門家は一年以内に技術上の課題が解決され、米西海岸を射程内に収めるＩＣＢＭが完成するであろうと推察した。[70] そうした警鐘を鳴らす推察に立てば、今後核実験やＩＣＢＭ発射実験を停止するということは、対米ＩＣＢＭの完成に何よりも神経を尖らせているトランプ政権からみればその完成が先延ばしになることからひとまず安心となった。金正恩とすれば、米国にも劣らぬ「核強国」である北朝鮮が自らその対米核攻撃能力を放棄する代わりに十分な見返りを米国は提供しなければならないと、要求を著しく高めようとしている腹積もりが透けて見えた。

とは言え、今回の決定で非核化の意思表示が入らなかったことはどのように解釈できようか。米国本土を射程に捉える対米核攻撃能力を放棄する可能性はある一方、韓国や日本を射程内に捉える核攻撃能力を堅持する意思に変更はないとも解釈できた。言葉を変えると、対米核攻撃能力は放棄する用意はあるが、対韓・対日核攻撃能力は堅持するぞと言う意味合いがあった。このことは決定において核実験は中止するが、核兵器の生産は中止すると言及していないことから窺がえた。兵器級プルトニウムや高濃縮ウランなど核分裂性物質の生産や核弾頭の製造は継続すると解釈できよう。[71]

これが今後踏襲される朝鮮労働党の新戦略路線となったのであるから、わが国の安全保障にとって穏やかな話ではなかった。すなわち、米朝首脳会談でのトランプとの取引において対米核攻撃能力の放棄の見返りに最大限の補償を求める意図を鮮明にしたとも解釈できた。その意味で、採択された新戦略路線が非核化そのものの意思表示にはつながらなかったと解釈できる。この点から、金正恩の言わんとするところの非核化とは対米核攻撃能力の放棄に限定されたものであり、対韓・対日核攻撃能力を放棄する意図も意思もないことを暗示させたのである。

(3)トランプの反駁

他方、トランプ政権は素早く政権の立場を四月二二日に明らかにした。[72]金正恩の言う核実験やＩＣＢＭ発射実験の停止などでは不十分であり、核の廃棄が不可欠であると断言し、しかも核の廃棄が実現するまで経済制裁の解除、大規模な経済支援、国交正常化など見返りの提供は一切ないとトランプ政権はその基本姿勢を改めて言明した。これに対し、金正恩はどう出てくるか注視されたのである。

（3）第一回南北首脳会談（四月二七日）

(1)政治ショー

二〇一八年四月二七日に、南北首脳会談が南北を分ける軍事境界線上の板門店の「平和の家」で開催された。テレビ中継された映像から、文在演が金正恩と真摯かつ真剣に語り合った様子がうかがえた。金正恩は南北首脳会談に向けて盛り上がった雰囲気を損ねるような言動を慎み終始、笑顔を絶やさず文在演との融和ムードを演出しようと振舞った印象を与えた。その意味で、韓国民だけでなく世界の人々がここ数年抱いてきた金正恩への警戒心を解くことに大分寄与したかもしれない。首脳会談後の韓国民の多くの反応は金正恩に親近感を覚えたという好意的なものであった。他方、文在演も金正恩に誠心誠意、接したとの印象を与えた。その意味で、政治的な演出は想像以上に見事であった反面、懸案の非核化を巡る前進はあったであろうか[73]。

南北首脳会談において取り上げる主な議題は非核化、平和体制の構築、南北関係の発展の三点とされた。事前の折衝において平和体制の構築や南北関係の発展ではかなり前進をみた一方、非核化での溝は埋まらないまま首脳会談を迎えた。文在寅と金正恩の両首脳は「朝鮮半島の平和と繁栄、統一のための板門店宣言」に調印した[74]。その骨子を引用すると以下の通りであった。

(2)「板門店宣言」　南北協力――

「・南と北は民族経済の均衡的な発展と共同繁栄を実現するために、「一〇・四宣言」で合意した事業を積極的に推進［する］……。」金正恩は南北共同事業を再び活性化し韓国から多額の資金を呼び込むことにより、徐々に経済制裁を空洞化したいと考えていた。金正恩にとって共同事業を再開し経済協力を大々的に推進することが謳われたことは願ったり叶ったりであった。経済協力の推進が現在北朝鮮に対し科されている厳しい経済制裁に穴をあけかねないことが懸念された。

平和体制の構築——「・南と北は停戦協定締結から六五年になる今年に、終戦を宣言し、停戦協定を平和協定に転換し、恒久的で強固な平和体制の構築のための南北米三者、南北米中四者会談の開催を積極的に推進していくことにした。」平和体制の構築として南北、米国、中国の会談の開催に向けて尽力することになった。一九五三年七月の朝鮮戦争休戦協定の調印から六五年経つことを踏まえ、二〇一八年中に朝鮮戦争の終戦を正式に宣言することが謳われた。また休戦協定を平和協定に転換することも考慮されたとは言え、平和協定の締結は必ずしもよいことばかりではなかった。平和協定の締結により米朝がもはや敵対関係にないことになれば、何故に在韓米軍が韓国に駐留する必要があるのかその存在理由が問われてもおかしくなかった。その結果、遅かれ早かれ在韓米軍の撤収が叫ばれる事態に発展しかねなかった。

非核化――　「・南と北は、完全な非核化を通じ、核のない朝鮮半島を実現するという共通の目標を確認した。」北朝鮮が核を廃棄して初めて見返りを与えるというトランプの考える非核化への取組みと、金正恩の持論とされる「段階的で同時並行的な措置」はその実施手順が著しく異なっており、また文在演が非核化についてどっちつかずの捉え方をしていたこともあり、事前の折衝では折り合いがつかないまま首脳会談を迎えた。結局、上記の文言で落着した通り、非核化はあくまで玉虫色の曖昧かつ不透明なものとなった。北朝鮮の非核化へ向けた取組みが言及されないままに終わったことは文在演が金正恩に擦り寄ったとみるべきであった。

「完全な非核化を通じ、核のない朝鮮半島を実現する」とはどのようにも解釈される文言であった。この文言の元になったのは、二〇一八年三月二六日の中朝首脳会談で金正恩が習近平を前にして「祖父の金日成主席と父の金正日総書記の遺訓に基づき、朝鮮半島非核化の実現に力を注ぐのは我々の終始一貫した立場である」と言明したことである(75)。

この中で金正恩が金正日の遺訓としたのは金正日が二〇〇五年六月に訪朝した鄭東泳（チョン・ドンヨン）韓国統一相に対し「朝鮮半島の非核化は先代の遺訓であり、依然、有効である」と述べた文言である。[76] しかし実際に起きたことは二〇〇六年一〇月の第一回核実験であった。

さらにその金正日が金日成の遺訓としたのは、一九九一年一二月に合意された朝鮮半島非核化共同宣言に関する最終合意であった。[77] 当時、ブッシュ大統領が九一年九月に戦術核撤去宣言を行うと、[78] これに呼応して盧泰愚（ノ・テウ）大統領が同年一二月に韓国領内の「核不在宣言」を行うに至った。[79] これを受ける形で、金日成は「われわれには核兵器を作る意思も能力もありません」と事ある度に言明した。[80]「朝鮮半島の非核化」は金日成にとって実に都合のよい文言であったことが理解できよう。この文言を通じ韓国展開の核兵器の撤去を確実にすると共に、自らは核兵器開発を本格化させる契機となった。すなわち、「朝鮮半島の非核化」という文言は金日成にとって韓国の非核化と北朝鮮の核兵器開発を実現させた、いわば一石二鳥の魔法の言葉であったのである。それ以降、金正日は虎の威を借る狐のごとく先代の「朝鮮半島の非核化」を吹聴し、さらに金正恩までも虎の威を借る狐のごとく二人の先代が遺した同様の文言を繰り返しているのである。

(3)「完全な非核化を通じ、核のない朝鮮半島を実現する」の意味

こうした経緯を踏

まえたとき、「完全な非核化を通じ、核のない朝鮮半島」という文言は警戒を要する文言であった。韓国内の在韓米軍基地に配備された核兵器は一九九一年までに撤去されたことにより、韓国に核兵器は存在しないとされることから、「完全な非核化を通じ、核のない朝鮮半島」はすなわち、北朝鮮の非核化を指すことになろう。ところが、これを北朝鮮の非核化と同義であるとみるのは少し楽観的な解釈であると言わざるをえない。「完全な非核化を通じ、核のない朝鮮半島」としたところに金正恩の深い拘りがあることを勘案すると、何故、北朝鮮の非核化が「完全な非核化を通じ、核のない朝鮮半島」に摺り替わったのか考える必要があった。

「完全な非核化を通じ、核のない朝鮮半島」に金正恩が言外に含みを持たせたと言えるのではなかろうか。その含みとは何なのか。韓国内には核兵器が存在しないとは言え、韓国は米国による「拡大抑止」、すなわち「核の傘」の提供を受けている。「核の傘」の論理に従えば、もし北朝鮮が韓国に対し核攻撃を仕掛けることがあれば、米国は北朝鮮に対し壊滅的な核報復を断行するという意思を明確にすることにより、北朝鮮が韓国への核攻撃を思い止まらせる内容である[81]。「完全な非核化を通じ、核のない朝鮮半島」という文言を踏まえると、もしも北朝鮮の非核化をトランプが強く求めるならば、韓国は米国による「核の傘」から離脱しなければならないと金正恩が反駁するという事態に発展しかねない。すなわち、金正恩にとってみれば、「完全な非核化を通じ、核のない朝鮮半島」を実現するためには米国による「核の傘」の提供もまた破棄されなければならないことになるのではないか。言葉を変えると、韓国が今後も米国による「核の傘」の提供を受ける限りにおいて、北朝鮮の最小限の核攻撃能力は核抑止力として保持されなければならないという論理につながりかねない。この結果、対韓核攻撃能力は温存されるという帰結を導きかねないのである。

さらに北朝鮮の核関連施設の多くが未だに特定されていないことから、非核化の実施にあたりトランプが核関連施設の特定とそうした施設への厳格な査察を要求することが予想される。これへの対抗要求として金正恩が撤去された核兵器の有無を確認するとして在韓米軍基地への査察を求める可能性もないわけではない。すなわち、トランプが北朝鮮の非核化の完遂に向けて北朝鮮の核関連施設の査察を要求すれば、これに対し金正恩は韓国の在韓米軍基地の査察を求めかねない。さらに北朝鮮に核の脅威を及ぼすとして米領グアム島に展開する米軍の核関連施設の査察についても金正恩は言い出しかねない。そうなれば、非核化を巡る取組みはどこまでも拡大し複雑化しかねない結果、法外な時間と労力を要する可能性がある。

また北朝鮮の非核化を論ずる際には非核化が完了する時期だけでなく非核化対象となる施設の所在地、核分裂性物質の種類と分量、核弾頭数などが明示されないと、非核化は曖昧かつ不透明なままである。しかし「板門店宣言」では非核化の具体的な内容には言及がなかった。この結果、金正恩による非核化への取組みが本当であるかは依然として不明確であった。政治ショーに惑わされないよう現実に生起している事柄を注視し精査しなければならなかった。二〇一八年三月上旬以降、金正恩はトランプに非核化の意思表示を幾度となく行いながら、現実はそれとは相容れない経過を辿っていたからである。

既述の通り四月二〇日に朝鮮労働党中央委員会総会で採択された決定と言い、四月二七日に合意された「板門店宣言」と言い、非核化を巡る曖昧さと不透明さは一層増したことになろう。文在演は米朝首脳会談への橋渡しを行ったと自賛したであろうが、実際には非核化を曖昧かつ不透明にしたままトランプに下駄を預けたと表現できたであろう。トランプは南北首脳会談の成果を高く評価したとは言え、北朝鮮による非核化への取組みについて何ら煮詰まらなかった結果、非核化を巡る決着は天王山と言うべき米朝首脳会談に委ねられることになったのである。

第三節　米朝首脳会談

（1）米朝首脳会談に向けた鬩《せめ》ぎあい

(1)第二回中朝首脳会談（五月七、八日）

トランプの基本方針は既述の通り、北朝鮮が核を先に放棄すれば、米国は体制保証や経済支援などの見返りを提供するが、核の放棄の完遂までは経済制裁を中心とする圧力を掛け続けるというものであった。しかしもしもトランプの言う通り、北朝鮮が核を実際に放棄することがあれば、米国は体制の保証や経済支援などの見返りを提供することはないであろうと金正恩は深く疑っていた。その結果、国家存立にとっての宝剣と見なす核を一方的に放棄した北朝鮮は遅かれ早かれ崩壊の危機に陥りかねないと金正恩の目に映った。そうした事態を回避するためには、非核化の全工程を数段階に区切り段階ごとに北朝鮮による履行と米国による見返りの提供を同時並行的に行うという、「段階的で同時並行的な措置」に金正恩が拘っていたと考えられた。

二〇一八年五月九日にポンペオ国務長官との二度目の会談を控えた金正恩は密かに習近平国家主席との会談を行うべく遼寧省の大連に向かった。五月七、八日に改めて訪中した金正恩は大連で習近平との二度目となる中朝首脳会談に臨み、「段階的で同時並行的な措置」を支持している習近平に直談判した。金正恩曰く、「米国は非核化を完遂すれば経済支援するというが、米国が約束を守るとは信じられない……米国と非核化について包括的な合意ができた場合、中国が中間段階で経済的な支援を行ってほしい。」これに対し、「……米国と合意し非核化の具体的な進展があれば、中国が北朝鮮を支援する大義名分ができる」と習近平は金正恩を宥めた。[82] また「……［米朝首脳］会談の結果に関係なく中国が積極的に北朝鮮に経済・外交支援をすることで合意した」ともされる。[83]

(2) ポンペオ・金正恩会談（五月九日）

後ろ盾となっている習近平から心強い言葉を頂いた金正恩が平壌で五月九日にポンペオと二度目の会談に臨んだ。同会談においてポンペオが金正恩に対し総ての核兵器と保管場所について公開し査察を受けることに加え、短期間で核兵器やＩＣＢＭの一部を国外に運び出すなどの非核化の要求を行ったことが明らかになった。[84] こうしたトランプ側の要求に対し金正恩も前向きに捉え、六月一二日のシンガポールでの米朝首脳会談が確定したとのことである。

もしも金正恩がこれらの要求に真摯に応じることがあれば、非核化の実現に近づくことは確かであった。そうであるとすれば、会談準備はトランプ側の思惑通り進んでいたことになる。他方、五月九日の金正恩とポンペオの会談において、トランプが唱える北朝鮮による非核化の先行と米国による見返りの提供という方式と、金正恩が唱える「段階的で同時並行的な措置」についてのやり取りが行われたかは明らかではなかった。妥結に向けて最も難しいと思われるのはその非核化の方式であると双方は認識しており、そうした問題を曖昧して開催に合意した可能性があった。トランプ側も金正恩側も自らが主張する非核化の方式を世界に向けて大々的に吹聴してきたが、いずれ相手側が折れ歩み寄ることを前提として首脳会談への準備を進めたのではないかと推察された。

(3)トランプ、米朝首脳会談開催宣言（五月一〇日）

米朝首脳会談が六月一二日にシンガポールで開催されることが決まったことを受け、トランプは五月一〇日に「世界平和にとって非常に特別な時間になるよう我々二人とも努力する」とツイッターに書き込んだ。(85)ところが、米朝首脳会談に向けて順風満帆と思われた流れは数日後、思わぬ形で足をすくわれることになった。(86)何があったのか。

ことの発端はボルトンであった。

⑷ボルトン、「リビア方式」適用示唆（五月一三日）

ボルトンは以前から北朝鮮の非核化について「リビア方式」を適用すべきである旨の主張を度々行ってきた。[87] 二〇〇三年三月の米国によるイラク侵攻とフセイン体制の崩壊に慄いたリビアの独裁者カダフィは体制の存続を図るべく大量破壊兵器開発計画の放棄を自ら宣言し、国際機関の査察を受け入れた。これに対しブッシュ政権はリビアに対する制裁を解除した。ところが、二〇一〇年以降中東地域に吹き荒れた「アラブの春」の余波を受け、カダフィ体制はNATO諸国が後ろ盾となった反カダフィ勢力によって打倒され、結局カダフィは除去された。この政変を重大視した金正恩は事ある度にフセインやカダフィの二の舞は忌避しなければならないと断言してきた。核を放棄したもののこれといった体制の保証を受けなかった結果、崩壊の道を辿ったカダフィ体制の末路を暗示させる「リビア方式」が金正恩を激しく憤激させたことは確かであった。ボルトンは一三日に「……私が考えるに「非核化の」決定の履行とはすべての核兵器を除去しテネシー州のオークリッジに搬出することであり、ウラン濃縮や再処理の能力も取り除くことである」と断言したのである。[88]

(5)『朝鮮中央通信』、ボルトンへの猛反駁（五月一六日）

　このボルトン発言に金正恩指導部は激怒した。五月一六日に『朝鮮中央通信』は「朝鮮民主主義人民共和国に対する大規模軍事演習を行った米韓を非難する」との見出しで米韓合同軍事演習を槍玉に挙げ、同日予定された南北閣僚級会談を突如、中止すると発表した。(89)

　また同メディアは「第一外務次官による記者声明」という見出しで金桂冠（キム・ゲグァン）第一外務次官の談話を伝え、米朝首脳会談の開催についても再考する旨の警鐘を鳴らした。金桂冠は問題の所在が北朝鮮の非核化に「リビア方式」を適用すると大声で唱えているボルトンなどにあると指弾した上で、「……国のすべてを大国に明け渡したために崩壊したリビアやイラクの運命を尊厳ある我が国に押し付けようとする非常に悪意のある動きの表れである」と断じ、「……もし米国が我々を追い詰め我々が核兵器を放棄するのを一方的に要求するならば、我々は協議への関心を失い、……米朝首脳会談を受け入れるべきか再考せざるをえなくなる」と金桂冠は言い放った。(90)

(6)トランプの返答（五月一七日）

　ボルトンの発言が発端となり米朝首脳会談の開催に突如、黄色信号が灯ると、今度はトランプがボールを投げ返した。トランプは五月一七日に「リビア方式」は北朝鮮に適用しないとし、金正恩が核を先に放棄すれば、金正恩体制を保証すると力説した。トランプ曰く、「（金正恩が）居続けるものだ。（金正恩が）国に居て、自分で統治して、国がとても裕福になるというものだ……。[91]」

このように先に核の放棄に金正恩が応じれば、金正恩体制の存続を保証するとトランプは示唆した一方、もしも核の放棄を金正恩が受け入れなければ、その「リビア方式」が適用されることになると、トランプは警告した。このことは金正恩が核の放棄に応じなければ、体制の存続の保証はない可能性があることをトランプがほのめかしたことを意味した。「首脳会談を受け入れるべきか再考せざるをえなくなる」とした金桂冠の脅しを逆手にとってトランプは脅し返したのである。[92]とは言え、ボルトンに対する金桂冠による指弾はトランプを少なからず動揺させた。これを受け、トランプは直ちにポンペオに対し金正恩の意思を確認するよう指示したが、金正恩側から返答はなかった。トランプは怒りを隠せなかった。[93]

(7)ペンス談話（五月二一日）と崔善姫によるペンスへの愚弄（五月二四日）

この間、トランプ政権の怒りは二一日のペンス副大統領の談話に表れた。同日、ペンスは「……金正恩がドナルド・トランプを手玉に取ることができると考えているなら大きな過ちとなる」と金正恩へ警鐘を鳴らしたのである。[94] これに対し二四日に崔善姫（チェ・ソンヒ）外務次官がペンスを激しく愚弄するに及んだ。『朝鮮中央通信』は同日、「外務次官の記者声明」という見出しを掲げ、崔善姫の談話を発表した。談話の中で、「……ペンスはそうした無作法で威嚇的な言葉を口にする前に自分の言葉のもたらす恐ろしい結果を真剣に熟慮すべきであった。……米国が我々と会談場で会うかさもなければ核対核の対決場で会うかは、すべて米国の決断と行動にかかっている……」と崔善姫は断じたのである。[95] トランプが特に問題視したのはこの談話であった。崔善姫の談話には二〇一七年の終りまで金正恩指導部が事ある度に相手に浴びせた中傷と恫喝の典型的な言い回しが看取された。トランプはそれを感じ取ったのであろう。

(8) トランプ、米朝首脳会談の中止発表（五月二四日）

五月二四日に崔善姫が行った談話に対しトランプは不満と不快感を禁じえなかった。同日、北朝鮮北部の豊渓里にある核実験場が爆破、廃棄されたと報道があった数時間後、トランプは六月一二日にシンガポールで予定された米朝首脳会談を急遽、中止すると発表した。[96]

トランプに会談の中止を決断させたのは度を越したともとれる文言であったことは間違いない。このような中傷と恫喝ともとれる文言を並べることによりトランプをして譲歩に応じさせることができると読んだとすれば、金正恩に大きな読み違いがあったことは明らかであった。米朝首脳会談の成否がトランプにとって重要であったことは確かであろうが、今後も続くであろう対北朝鮮経済制裁が金正恩体制の存立を脅かしかねないことを踏まえると、金正恩にとって米朝首脳会談の持つ意味はその比ではなかったはずである。

ここ数日間の動きで首脳会談の開催が難しいかもしれないとの憶測が流れていたが、中止を伝える報道は衝撃を世界に与えた。首脳会談中止について金正恩に宛てたトランプの書簡がまもなく公開された。その中で、トランプは「……あなた方の一番最近の声明で示されたとてつもなく大きな怒りとむき出しの敵意に基づけば、残念ながらこの時期に長く準備されてきた首脳会談を行うことは適切ではないと私は感じている……」と語った(97)。その二日前の五月二二日にトランプは文在演との会談で、米朝首脳会談は中止になる可能性があると示唆していた。とは言え、米朝首脳会談が九九・九%開催されると文在演政権は公言してはばからなかった(98)。その後、米朝首脳会談の開催は来週になればわかるであろうと、トランプは意味深長な発言を行っていた。

(9)金桂冠の釈明（五月二五日）

二四日のトランプによる米朝首脳会談中止の発表に金正恩が激しく狼狽したことは間違いない。『朝鮮中央通信』は「第一外務次官声明」の見出しで、二五日に釈明ともとれる金桂冠の談話を伝えた。「……米朝首脳会談を控え一方的に核計画の廃棄の圧力をかけてきた米国側の過度な言動が招いた反発にすぎない」と金桂冠は述べ、「……私たちはいつでもどのような方法でも向かい合い、問題を解決していく用意があることを米国側に再び明らかにする」と珍しく低姿勢でトランプに理解を求めた。[99]

(10)第二回南北首脳会談の急遽開催（五月二六日）

二五日午後に金正恩は藁にも縋る思いで文在演との接触を試みた。これを受け、二六日に金正恩は文在演と板門店で二度目の首脳会談に臨み、米朝首脳会談の開催に向けて自らの意思を文在演に伝えた。二七日に文在演は「金正恩委員長が朝鮮半島の完全な非核化の意志は確実だということを昨日改めて表明した」と声高々に力説した一方、「……［非核化］をどのように実現していくのかという工程表はまた米朝間で協議が必要であり、そのような過程が難しいかもしれない」と核心的な部分でお茶を濁した。[100] このことから伝わってきたのは、金正恩は同会談で「板門店宣言」にある朝鮮半島の非核化について言及した一方、米朝間で争点となっていると想定される非核化の方式については文在演と金正恩の間で確認されなかったことを示唆した。

⑾トランプ、米朝首脳会談開催を改めて決断（六月一日）　トランプは六月一日に改めて六月一二日のシンガポールでの米朝首脳会談の開催を決断した。これにより、米朝首脳会談に向けてトランプも後に引けなくなった。北朝鮮が「完全かつ検証可能で不可逆的な非核化」を短期間に履行して初めて体制保証や経済支援などの見返りを提供するという方針をトランプは堅持してきたが、米朝首脳会談開催を決断するに及び、非核化に向けた包括的な合意には時間を要する可能性があることを斟酌し、一回の首脳会談ではなく数回の首脳会談が必要かもしれないことを示唆する内容の談話を発表した。米朝首脳会談を間近に控え課題山積の非核化への取組みについてトランプが現実的かつ柔軟な姿勢になりつつあるとも捉えることができたが、実際には金正恩に少しずつ歩み寄った感を受けないわけではなかった。これが米朝首脳会談に向けた必要不可欠な歩み寄りなのか、それとも北朝鮮の非核化の完遂が余りにも難しいことを認識し、首脳会談での成果を自らの業績とする方向への転換であったのか。多少なりとも原理原則に執着した感のあったトランプが現実

的かつ柔軟になったとは言え、首脳会談で両首脳が合意に達することは極めて難しいことが想定された。双方とも非核化の完遂を公言していたが、その意味するところには相当の食い違いが存在したのが実際であった。

(2) 米朝首脳会談での非核化の争点

(1) 非核化の方式

シンガポールでの米朝首脳会談が六月一二日に迫った。この間、板門店で米朝間の準備協議が行われていたとされるが、非核化の方式を初めとして非核化の争点について何も煮詰まっていなかった。[101]

非核化とはそもそもどのようにも解釈されうる曖昧模糊とした語句である。トランプと金正恩の間では非核化の方式を巡り相当の溝が存在していたことが伝えられていた。トランプの持論とする非核化の方式とは、北朝鮮が「完全かつ検証可能で不可逆的な核廃棄(CVID)」を先行して履行すれば、相応の見返りを提供するというものであった。要するに、北朝鮮がまず非核化を完遂しなければならず、非核化の完遂が確認されて初めて見返りを米国が付与するという立場であった。

これに対し、非核化の方式について金正恩が事ある度に示唆してきたのは「段階的で同時並行的な措置」であった。同方式にしたがえば、非核化の完遂に至る工程は数段階から構成されると推察された。例えば、第一段階において北朝鮮が非核化の対象となる核関連施設や核関連活動の申告を行うのと同時並行する形で、米国は第一段階の見返りを提供する。第二段階において北朝鮮が核関連施設や核関連活動を凍結するのと並行して、米国は第二段階の見返りを提供する。第三段階において北朝鮮が核関連施設の廃棄を行うのと並行して、米国は第三段階の見返りを提供する。このように「段階的で同時並行的な方式」とは非核化の全工程を数段階に区切り、段階ごとに北朝鮮が非核化の措置を履行するのと同時並行する形で、米国がその都度見返りを提供する方式であると推察された。同方式についての擦り合わせが米朝首脳会談において大きなハードルとなったことは間違いない。

⑵非核化の対象

同様に重大な問題として浮上するのは非核化の対象であった。北朝鮮領内での非核化対象が想定されている以上にはるかに多いことは難題をトランプ政権に突き付けた。寧辺に集中する核関連施設や五月二四日に爆破、廃棄されたとされた豊渓里の核実験場だけが非核化の対象でない。北朝鮮領内には四十から百もの核関連施設が点在し、二十から六十発にも及ぶ核弾頭が秘匿されていると米国の情報機関は睨んでいる[102]。それらの施設の一部において現在も核兵器開発が行われていると推察されている。しかも米国の情報機関も核関連施設での核関連活動について十分に把握していない。

もしも核関連施設や核関連活動の一部が何らかの事由で非核化対象外とされることになれば、非核化は不十分かつ不完全なまま頓挫しかねない。しかも核関連施設だけでなく兵器級プルトニウムや高濃縮ウランなど秘匿される核分裂性物質や核弾頭などの全容が明らかにされなければ十分とは言えない。そのためには非核化対象となる核関連施設の所在地だけでなく核分裂性物質の種類と分量、核弾頭数などの詳細が明らかにされる必要がある。もしも金正恩が核関連施設、核分裂性物質、核弾頭などの一部を秘匿しようと目論むことがあれば、非核化は多かれ少なかれ中途半端になりかねない。しかも金正恩が対韓国核攻撃戦力や対日本核攻撃戦力を最小限の核抑止力として堅持しようと目論むことがあれば、そうした核ミサイル戦力をどこかの地下施設に秘匿したまま申告しないといったことも考えられた。

(3)非核化の検証

こうしたことから、北朝鮮による核関連施設と核関連活動について金正恩指導部による真摯かつ誠実な申告の提出が求められる。もし金正恩指導部が意図的に不正確かつ不十分な申告を行った場合、申告漏れや記載不備に対しどのように対処するのか。申告漏れや記載不備の疑義が持たれた場合、トランプが申告内容の真偽を確かめるべく問題の施設への査察を金正恩指導部に要求することが考えられる。その際、金正恩が査察を拒否すればどうなるのか。直ちに非核化作業は行き詰まるかもしれないし、少なくとも少なからずの遅延が想定されよう。ところが後述の通り、金正恩が「完全な非核化」に合意した米朝首脳会談から数ヵ月が経ったにもかかわらず、金正恩は申告の提出に全く応じようとはしない(103)。これにより、非核化は事実上、全く前進をみていない状況が続いているのである。

(4) 非核化の期限

大統領再選を踏まえトランプは非核化の完遂期限を最大で二年間半程度と見込んでいるかもしれないが、果たして二年間半で非核化が完遂することがあろうか。特定されていない核関連施設や核関連活動を含め非核化の完遂を実現するためにはどの程度の時間を要するかも重要な問題として浮上する。こうしたことを踏まえると、非核化の完遂はトランプ政権が想定している以上にはるかに複雑で多くの時間と労力を要することが理解されよう。何より求められるのは金正恩による積極的かつ真摯な協力である。

そうした協力がない限りすべての核関連施設と核関連活動が明らかになるとは考え難い。米朝首脳会談の後に北朝鮮の非核化を議論できる首脳会談は事実上、存在しない。したがって、米朝首脳会談で非核化という難題について決着しなければならないことは確かであった。数時間の会談で双方の溝が埋まることは実際問題として考え難い。いずれにしても最後は金正恩が核を放棄するという戦略的判断を行うかどうかにかかっていると言えようが、これまでの経緯を踏まえるまでもなく限りなく曖昧かつ不透明なところであった。

(3) 米朝首脳会談

(1) 米朝首脳会談、「大山鳴動して鼠一匹」

これらの非核化の争点は結局六月一二日の米朝首脳会談までに妥結しなかった結果、トランプと金正恩が直接顔を合わせた米朝首脳会談での決着に委ねられることになった。しかし数時間程度の首脳会談で詰められなかったことは明らかであった。多くの争点が未決であったことは、首脳会談を受け両首脳間で署名された「共同声明」とそれに続いたトランプによる記者会見で露呈する結果となった。「共同声明」は抽象的かつ曖昧な文言に溢れ、具体的な措置に乏しい内容であった。「共同声明」は事前の期待を裏切る内容であったとの厳しい批判を免れなかった。米朝首

脳会談は「大山鳴動《たいざんめいどう》して鼠一匹《ねずみいっぴき》」とも言える結末に終わった。(104)

(2)「共同声明」「完全かつ検証可能で不可逆的な非核化(CVID)」への言及なし――

「共同声明」で奇異に映ったのは「完全かつ検証可能で不可逆的な非核化」について言及がなかったことである。トランプ政権は核兵器を含めすべての大量破壊兵器とあらゆる射程の弾道ミサイルを完全に検証可能な形で不可逆的に廃棄させることを金正恩指導部に要求してきた。首脳会談の数日前にポンペオが政権にとって譲れない点としてCVIDを力説していた。(105) そのCVIDはどこに行ってしまったのであろうか。

「共同声明」には、「……板門店宣言にのっとって、北朝鮮は朝鮮半島の完全な非核化に向けて取り組む」との表現が盛り込まれた。(106) この「完全な非核化」という語句はCVIDからVに当たる「検証可能」とIに当たる「不可逆的」という政権が拘ったはずのキーワードが抜け落ちたことを物語る。このことは「完全な非核化」という語句で妥結したのか、それとも今後CVIDに向けて詰めることを意味するのか釈然としなかった。

双方の主張が食い違っていた非核化の方式では、実質的に金正恩が唱えてきた「段階的で同時並行的な措置」にトランプが同意したかのような印象を受けた。このことは六月一三日に『朝鮮中央通信』が「……朝鮮半島の平和、安定、非核化を実現する上で段階的で同時並行的行動の原則に従うことが重要であるとの認識を金正恩とトランプが共有した」と公言したことに表れた[107]。

非核化の完遂の時期・期限の明示、非核化の対象と範囲の明示、検証措置の明示など非核化の核心的事項について「共同声明」には一切言及されなかった。ましてや非核化に向けた工程表について何ら触れられなかった。加えて、ＩＣＢＭを初めとする弾道ミサイルについて全く言及がなかった。

安全の保証の譲歩――　他方、「共同声明」に「トランプ大統領は北朝鮮に対して安全の保証を提供することを約束した」との文言が盛り込まれた[108]。北朝鮮の非核化について何ら具体的な明示がないにもかかわらず、米国は見返りとして「安全の保証を提供することを約束した」のである。

(3)トランプによる記者会見

さらに落胆させたのはトランプによる記者会見であった。上述の具体性に乏しい「共同声明」を補うべく大統領は記者会見に臨んだかもしれないが、実際には傷口を広げる結果となった。

「完全かつ検証可能で不可逆的な非核化」の議論——

「大統領は金正恩にどのように「完全かつ検証可能で不可逆的な非核化」を要求したのか」と記者に聞かれると、トランプは「私としては正直に要求したつもりである」と返答した。これに対し、記者が「共同声明はその詳細を盛り込んでいないのでは」と食い下がると、「時間がなかった」とトランプは答えた。[109] 大統領の答弁はいささかお粗末でなかったではなかろうか。十分な時間があったならば、「完全かつ検証可能で不可逆的な非核化」の詳細を確定することができたであろうかという疑問につながった。

非核化工程の時間——

「朝鮮半島の非核化にはどれくらいの時間がかかるか」という質問に対して、期限は明示せず「……非核化工程の二割も進めば、不可逆的な非核化が約束されるポイントになる」と大統領は述べた。[110] トランプはそのように考えていたかもしれないが、恐ろしく楽観的で非現実的な見通しであるように聞こえた。非核化工程の八割を超えても不可逆的な非核化は確保されないのではなかろうかと疑問が湧くからである。

非核化の費用支弁——「……非核化に要する費用を議論したか。北朝鮮が経済制裁で苦しんでいるとき、どのように払うのか」という質問に対し、「韓国と日本が大規模な支援を行うだろう」と大統領は返答した。[111] 応分の費用をわが国も負担するということは理解できようが、その前提としてわが国に脅威を与える核攻撃能力が確実に除去されるとの見通しが確保されなければならないことは言うまでもなかった。

安全の保証——さらに北朝鮮の安全の保証についてトランプは驚くべき譲歩を示唆した。「安全の保証については」と聞かれると、大統領は「……（在韓）米軍兵を米国に帰還させたいが、現時点では方程式に含まれていない。……今後の交渉が順調に進んでいる間は、ウォー・ゲーム（米韓合同軍事演習）を行わない……」と語った。[112] 米韓合同軍事演習の中止や在韓米軍の撤退について曖昧な言葉でトランプは示唆したが、これが安全の保証の具体的措置であったのであろうか。非核化の具体的な中身に一切、言及がなかった反面、一方的に北朝鮮の安全の保証のための措置に言及した印象を与えた。

経済制裁の堅持——唯一トランプが譲らなかったのは北朝鮮に対する経済制裁に関

してであった。「制裁はどうなるのか」という記者による質問に対し、「制裁が取り除かれるのは、核兵器をもはや懸念する必要がなくなったと我々が確信したときである」と大統領は断言した。[113] 中身の乏しい記者会見の中で評価できたのは非核化が完遂するまで経済制裁を堅持するとした一点であったといっても過言ではない。とは言え、すでに習近平指導部が北朝鮮に対する経済制裁を緩和するようなシグナルを送っていたことは対北朝鮮経済制裁の空洞化へとつながりかねないと憂慮されたのである。

五月二四日に一旦は米朝首脳会談の開催を中止したトランプであったが、金正恩が急遽、擦り寄りをみせると、予定通りに六月一二日の首脳会談開催を決断した。この間の紆余曲折の中で金正恩は何の譲歩を行っていない一方、トランプが幾つも譲歩を行ったとの印象を残した。この間の進捗はトランプの読み通りなのか、金正恩の読み通りであったのか。金正恩の読み通りであったと言わざるを得なかった。金正恩とすれば、してやったりというところであった。

第四節　遅々として進まない非核化

（1）米朝首脳会談後の綱引き

(1)金正恩による遅延工作

二〇一八年六月一二日の米朝首脳会談から数ヵ月以上経ったが、非核化に向けた動きは遅々として進まない状況が続いている。(114) このことはトランプと金正恩がなごやかに歓談した米朝首脳会談の時点では少なからず想定できなかった事態である。この間、何が起きていたのか。トランプ政権は米朝首脳会談後、北朝鮮の非核化の完遂に向け核関連活動の全容を盛り込んだ申告の提出を金正恩指導部に要求した。北朝鮮に「完全な非核化」を完遂させるためには北朝鮮が行ってきた核関連活動の全容を把握する必要があることを踏まえると、当然の要求であった。トランプが金正恩に核関連活動の全容を数週間以内に明らかにするよう要求したのはそうした認識に基づく。金正恩による申告の提出を待ち、申告内容の真偽の精査をトランプは急ぎたいところであった。ところが、金正恩側からなかなか回答がない中で、ポンペオは六月二五日に非核化の完遂の期限を特に設定しないとの譲歩を示した。(115) これにより「完全かつ検証可能で不可逆的な非核化」が「完全な非核化」に摺り替わっただけでなく非核化の完遂期限も撤去された感がある。この間、米朝高官協議の米国側の担当者をポンペオが務める一方、北朝鮮側では誰が高官協議の任に当たるのかなかなか決まらないという状況が続いた。

(2)第三回中朝首脳会談

この間の六月一九日、二〇日に急遽行われたのが第三回中朝首脳会談であった。同会談において「……経済制裁で大きな苦痛を受けている。米朝首脳会談を成功裏に終わらせたのだから、制裁の早期解除に努めてほしい」と、経済制裁の解除を金正恩が習近平に懇願したとの報道が伝えられた[116]。これを受けた形で、六月二八日に安保理事会において北朝鮮に対する経済制裁の緩和に向けた報道機関向けの声明案を中国とロシアが共同で発出しようとしたが、米国の反対により拒否された。この間、北朝鮮では極秘の核燃料製造施設においてプルトニウムや高濃縮ウランなど原爆製造のための核燃料が増産されていることが伝えられた[117]。またこの間、ミサイル製造施設が拡張されているとの報道も行われた[118]。米朝首脳会談後のこれら一連の動きは「完全な非核化」に露骨に逆行するものである。「完全な非核化」に向けた具体的な取組みをあらゆる手段を通じ遅延させる行動に金正恩が出ている感を覚える。「完全な非核化」を真摯に履行する意思がはたして金正恩にあるのか怪しくなりだした。

⑶第一回米朝高官協議

「完全な非核化」の履行に暗雲が垂れ込める中で、焦燥感を感じ始めたトランプは七月五日に「……金正恩は北朝鮮国民のためにこれまでと違う将来を見ていると本当に信じている。私はそうであることを希望する……」と記者団に意味深長な発言を行った。[119] この発言は金正恩が非核化を真摯に実行に移すことに期待を込めたものであったが、もしもそうでないならば、強硬な対応も辞さないことを言外に示したともとれた。

七月六日にポンペオが第一回米朝高官協議に出席するために三度目の訪朝を行った。[120] ポンペオは六、七日と二日間、金英哲（キム・ヨンチョル）党副委員長と会談した。その際、ポンペオは金正恩に向けたトランプの親書を持参したが、結局ポンペオの前に金正恩は現れなかった。これまでポンペオによる二回の訪朝でポンペオと金正恩が友好的に歓談したことを踏まえると、明らかに金正恩がポンペオとの会談を望んでいなかったことを示唆した。

ポンペオは総ての核関連活動の全容を盛り込んだ申告を提出するよう金英哲に要求した

とされる。ポンペオが申告の提出に拘る事由は、申告の提出が「完全な非核化」の完遂に向けた出発点になるだけでなく「完全な非核化」に対する金正恩の真意を問う試金石となるからであった。北朝鮮領内に点在する多数に及ぶ核関連施設の所在に始まり、核燃料の種類と分量や核弾頭の数量などを盛り込んだ申告は「完全な非核化」に向けた進捗を大きく左右させる重大性を持つ。しかし金正恩指導部が核関連活動の申告に向けて真摯に動くかどうか相変わらず不透明であった。金正恩が申告の提出を行うのは一体いつになるのか、また申告の提出を行うことがあっても不十分かつ過小な申告を行う可能性が十分に考えられるが、その際トランプはどのように対処するのか。

(4)ポンペオを愚弄する『朝鮮中央通信』報道

他方、ポンペオが金正恩にとって招かれざる客であったことはまもなく北朝鮮外務省による談話で明らかになった。ポンペオによる要求に憤りを覚えた北朝鮮外務省は七月七日、ポンペオを激しく罵った。『朝鮮中央通信』報道によれば、「……米国側は完全かつ検証可能で不可逆的な非核化、申告、検証などと発言し一方的かつ強盗のような非核化要求を持ち出した。……第一回米朝高官協議は米朝間の信頼を培うどころか我々の非核化の意思が揺らぎかねない危険な状況に直面させるに至った。[121]」同談話は今後、非核化の意思を失いかねないとお決まりの文句でトランプを揺さぶったのである。この先に見えてくるのは、すべての責任をトランプ側に帰し、「完全な非核化」の完遂に向けた作業をできるだけ遅延させ非核化作業を骨抜きにすることであろう。もしトランプが「完全な非核化」の遅延工作を食い止めようとすれば、多大な譲歩に迫られることも考慮する必要があろう。

これは祖父・金日成時代からの金体制の常套手段である。回顧すれば、クリントン政権時代に金日成指導部は寧辺の核関連施設での査察を逃れるべくIAEAへの申告でプルトニウムを秘匿していると目された核廃棄物貯蔵施設を申告しなかった。これに気付いたIAEAが強制的な査察である「特別査察」を同施設に対し行うと金日成に要求すると、金日成はNPTからの脱退を宣言してみせた。これに慌てたクリントンは北朝鮮をNPTに残留させるべく金日成に米朝高官協議を呼び掛け、大規模な支援を示唆した。その後一九九四年六月中旬に米朝は一触即発の事態を迎えたものの、同年一〇月に北朝鮮への大規模な支援を盛り込んだ米朝枠組み合意が成立した経緯がある。[122]こうした諸々の経緯を踏まえたとき、今後、あらゆる手段を通じ「完全な非核化」に向けた作業を遅らせようとすることは容易に想像できよう。朝鮮戦争の終戦宣言と休戦協定に替わる平和協定の締結の要求を金正恩が持ち出し、可能な限り時間稼ぎを行うことは目に見えている。

米朝首脳会談後、北朝鮮の軍事挑発を止めたとして米朝首脳会談での成果をトランプはしばしば吹聴してきた。「北朝鮮のすべての核を非核化する内容を盛り込んだ素晴らしい文書に我々は署名した。非核化は完遂するであろう」とトランプは断言した。[123] とは言え、こうした状況が続くようでは、金正恩による「完全な非核化」に向けた意思をトランプが遅かれ早かれ再考せざるをえない状況が生まれよう。トランプは事ある度にクリントン、ブッシュ、オバマといった過去の米政権が金体制にいいように欺かれたと強調し、自らはそうはならないと力説してきたが、以前の各政権が陥った苦境に自らも嵌まりそうなことに遠からず気づき始めるであろう。金正恩が非核化を完遂しない限り、経済制裁を緩和しないとトランプは強調しているが、この先、金正恩に「完全な非核化」を履行させるべくどのような手をトランプは打つであろうか。

(5) 非核化への深刻な疑義

「完全な非核化」を履行する素振りを見せるとしても金正恩が実際に非核化を実行に移すことはないのではないか。経済制裁をトランプが緩和することはないことを金正恩は百も承知しているであろう。したがって、金正恩にとって焦眉の課題は中国や韓国を相手取り経済制裁を緩和してもらうと共に経済支援を取り付けることであろう。実際にその方向を金正恩は模索している。米朝首脳会談での成果を背景に習近平指導部から大規模の経済支援を獲得すると共に文在演政権と経済協力を推進することを金正恩は目論んでいる。「完全な非核化」の履行には目もくれず経済支援や経済協力を打ち出し、経済制裁の緩和に向けて全力で動いている印象を与えるのである。そうした動きは二〇一三年三月に採択された「経済建設と核武力建設の並進路線」に替わる朝鮮労働党の新路線として二〇一八年四月二〇日に採択された「経済建設に総力を集中する路線」とも一致する[124]。

金正恩の言わんとする非核化は核の全廃ではなく一部の核の放棄を示唆しているのではないかと推察された。ところが、ここにきて金正恩にはそもそも核を放棄する意図や意思など全くなく、非核化の素振りを見せることにより多大な恩恵にあずかろうとしているのではないかとの疑問が湧く。もしそうであるとすれば、「完全な非核化」は全くのまやかしで終わる可能性がある。金正恩体制が一人独裁体制であり、国策を巡る重要な決定は金正恩一人の判断に委ねられることを斟酌すると、金正恩の決断がいわゆる機関決定となり、それに従いすべてが動いていると言えないわけではない。金正恩が「完全な非核化」

にどのように応じるかは遠からず判明するであろう。

(2) 明らかになった金正恩の非核化のからくり

(1)第三回南北首脳会談

その後、大きな転機となったのは第三回南北首脳会談であった。二〇一八年九月一八日から二〇日に及び訪朝した文在演は平壌で金正恩との三度目の南北首脳会談を行った。その成果物が一九日に両者が調印した「平壌共同宣言」であった。しかし「平壌共同宣言」は、六月一二日のシンガポールでの米朝首脳会談において採択された「共同声明」で金正恩が合意したはずの「完全な非核化」に向けた前進になるどころか、金正恩の目論む非核化のからくりを世界に知らしめる結果となった[125]。米朝首脳会談後、トランプが金正恩に対し核関連活動の全容を盛り込んだ申告を提出するよう要求したのに対し、何故に金正恩が回答に応じなかったのか様々な憶測を呼んだ。しかし、「平壌共同宣言」により金正恩の目論む非核化が明らかになった。三日間に及んだ文在演の訪朝は南北融和に向けて最高の政治ショーとなったかもしれないが、詭弁と危うさに満ちた「平壌共同宣言」を通じ金正恩の真意は白日の下にさらされることになった。

(2) 詭弁と危うさに満ちた「平壌共同宣言」

以下において「平壌共同宣言」に盛り込まれた重要と思われるヵ所を引用する。南北協力について、「北と南は条件が整い次第、開城工業地区と金剛山観光事業をまず正常化し、西海経済共同特区および東海観光共同特区を造成する問題を協議していくことにした。[126]」これまで南北交易において圧倒的比率を占めた開城工業団地や金剛山観光事業の再開は韓国が膨大な経済支援に乗り出すことを意味し、この結果として対北朝鮮経済制裁を著しく形骸化することに結びつきかねない。南北共同事業の再開は非核化の完遂に合わせて行われるべきものであり、この時点での再開は明らかに時期尚早である。

続いて非核化について、「北側は東倉里（トンチャンリ）エンジン試験場とロケット発射台を関係国専門家たちの参観の下で、まず永久的に廃棄することにした。[127]」また「北側は米国が6・12朝米共同声明の精神に従って相応措置を取れば、寧辺核施設の永久的な廃棄のような追加措置を引き続き講じていく用意があることを表明した。[128]」

上記にある通り、米国が相応の見返りを提供すれば、寧辺の「核施設」の廃棄に応じる用意があることを金正恩は明かした。これに対し「金正恩は最終交渉を条件に核査察の受け入れに合意したほか、各国の専門家の前で実験場と発射台の永久的廃棄に合意した……」と、トランプは持ち上げた[129]。とは言え、専門家は一様にすべての核関連活動の全容を盛り込んだ申告を提出しない限り、非核化に向けた措置として全く不十分であると厳しく見ている[130]。

五月二四日に爆破、廃棄された豊渓里の核実験場、解体されたとする東倉里のエンジン試験場やミサイル発射台など、幾つかの核関連施設やミサイル関連施設を廃棄したとしても、北朝鮮の総ての核関連施設の廃棄に直結するものではない。一つ一つの事例には相応の事情があるように見える。豊渓里の核実験場の爆破、廃棄では肝心の外部機関による査察が行われておらず、同実験場が今後、二度と使用できないかどうかは不明である。

東倉里のミサイル発射台からテポドン2号などがこれまで発射されたが、同発射台を含めいわゆる固定式ミサイル発射台は米軍による空爆にとって格好の標的になることを踏まえ、空爆からの残存性が高い移動式発射台搭載ミサイル戦力に金正恩は力点を移している。移動式発射台搭載ＩＣＢＭである「火星15」型を対米核攻撃戦力として位置付ける今、東倉里のミサイル発射施設はもはや無用の長物であると言えよう。

他方、寧辺の核関連施設はこれまでプルトニウム計画と高濃縮ウラン計画の開発において中核的役割を果たしてきた曰く付きの施設である。北朝鮮が保有するプルトニウムのほとんどすべては寧辺にある五千キロ・ワット級黒鉛炉を通じて生産された。これにより十発以上のプルトニウム原爆が製造されたと目される。[131]他方、高濃縮ウランの一部は寧辺の核燃料製造工場内にある小型の軽水炉と遠心分離機施設で生産されてきた。同施設で製造されたウラン原爆は約十五発に及ぶと推察される。[132]寧辺の「核施設」の廃棄を重大な譲歩であるかのように金正恩は印象付けようとしているとは言え、「平壌共同宣言」でいう「核施設」とはこれらの「施設」を指しているのか、寧辺に所在する全施設を意味しているのかは明らかでない。同共同宣言を受け、ポンペオは米国とＩＡＥＡの査察の下で寧辺の全施設を廃棄しなければならないと注文を付けた。[133]

これらの実験場や核関連施設は北朝鮮の核・ミサイル開発で象徴的な役割を果たしてきたとは言え、いつなんどき米軍の空爆に曝されるかわからない目標であった。これらが廃棄されたとしても北朝鮮領内に点在するすべての核関連施設や核弾頭数からみれば氷山の一角に過ぎないであろう。

米朝首脳会談後にトランプが要求した通り、金正恩はすべての核関連活動の全容を盛り込んだ申告の提出を行わなければ、トランプ政権を十分に納得させることにはならないであろう。すなわち、非核化は全容を盛り込んだ申告と、申告→査察→廃棄→検証という手順を定めた工程表にしたがい進められなければならないのである。[134] これに対し、すでに外部世界に周知された一部の核関連施設の廃棄と引き換えに、米国から相応の見返りを得ようと金正恩は画策している。既述の通り、北朝鮮領内には四十から百もの主な核関連施設が点在し、保有されている核弾頭が二十から六十発に及ぶと推測される中で、金正恩が示唆する措置が全く不十分であることは明らかである。[135]

(3) 金正恩の非核化のからくり

上述の通り、米国が相応の措置を取ることを条件にして、寧辺の「核施設」の廃棄に応じる用意があることを金正恩が示唆した。米国がとるべき相応の措置について金正恩は言及を避けたが、朝鮮戦争の終戦宣言であろうとみられる。[136] すなわち、金正恩にとって焦眉の課題は寧辺の「核施設」の廃棄と引き換えに終戦宣言を実現し、その流れに乗じて平和協定の締結を目論んでいるのであろう。その調子で、その他の施設の廃棄に合わせ、経済制裁の解除、体制保証、在韓米軍の撤収、米朝国交正常化、膨大な量に及ぶ経済支援などをトランプに要求するといった図式を金正恩が思い描いている節がある。金正恩が喉から手が出るように欲しがっている見返りを米国が次から次へと与えても、金正恩は近隣の韓国と日本を射程に捉えた核ミサイル戦力は最後まで手放さないという強かな展望を描いていると推察される。

⑷文在演の擦り寄りと阿《おもね》り

そうした金正恩の目論む非核化のやり方に理解を示しているのが文在演である。第三回南北首脳会談を前にした九月一三日に文在演は「北朝鮮は『未来核』を廃棄して『現在核』まで廃棄する」と発言した[137]。文在演の理解では、上述の核実験場の廃棄とエンジン試験場やミサイル発射台の廃棄により「未来核」が廃棄される一方、米国が相応の措置を取れば寧辺の核施設を廃棄することにより「現在核」も廃棄されることになる。「未来核」は廃棄されたと文在演は評価したが、決して「未来核」は廃棄されたわけではない。五から九発の核弾頭が二〇一八年一月から製造されたとの推察がある[138]。今も核弾頭の製造が続いていることを踏まえると、「現在核」はおろか「未来核」が製造されていることになる。こうした事実関係を無視したような文在演の発言は金正恩への阿り以外の何ものでもない。

二〇一七年の終りに一触即発の事態に迫った感のあった朝鮮半島の危機を緩和すべく奔走する文在演からは、元の木阿弥になることは勘弁願いたいとの必死さが伝わってくる。こうした文在演の姿勢は康京和（カン・ギョンファ）韓国外相の発言にも看取される。九月二一日に非核化工程は申告↓査察↓廃棄↓検証という通常の手続きとは異なるかもしれないと康京和は言及したが、このことからも文在演政権が金正恩に擦り寄っていることがわかる。[139]

(5) 曖昧なトランプの姿勢

トランプが本心で「平壌共同宣言」をどのように捉えているかは別にして、そうした危うい内容を盛り込んだ「平壌共同宣言」にトランプは一定の評価を与えた。二〇一八年一一月の中間選挙を間近に控えたトランプとすれば、再選を果たすためには是が非でも中間選挙に勝利を収めなければならず、非核化への取組みについて金正恩を表向き上は評価せざるをえない。他方、ポンペオなど政権の高官が金正恩に厳しい注文を付けるという摩訶不思議なことになっている。

(6) 暗雲漂う展望

こうした中で米朝高官協議が再開されることがあっても、遠からず行き詰ることが予想される。金正恩が総ての核関連活動の全容を盛り込んだ申告と、申告↓査察↓廃棄↓検証を盛り込んだ工程表の提出に応じない限り、非核化の完遂に向けた道筋は遅々として開けない。

九月二〇日に金正恩が文在演に対し「はやく非核化を行い、経済に集中したい」と述べたというが、これほどの詭弁と強弁はないであろう。[140] 早く非核化を終わりたいのであれば、トランプが要求する通り、上記の申告と工程表を提出しなければならない。そうすれば、金正恩の非核化に纏わる嫌疑は多少薄れるだけでなく、工程表に従い非核化は加速的に進むであろう。このことを金正恩が理解していないわけはない。

今後、北朝鮮の非核化が曖昧かつ不透明なまま終わることになれば、核の脅威の下で日々怯えなければならないのは韓国でありわが国であろう。「はやく非核化を行い、経済に集中したい」とする金正恩の言葉を文在演が真摯に信じているかどうか別にして、仲介外交に尽力する文在演もこのことを知る必要があろう。金正恩にとって格好の標的が韓国であることに変わりはない。

一九九〇年代後半に金大中（キム・デジュン）が太陽政策の名の下で北朝鮮に膨大な経済支援を行ったのに続き、二〇〇〇年代に盧武鉉（ノ・ムヒョン）は平和・繁栄政策の名の下でそれに続いた。しかし韓国が行った莫大な支援により北朝鮮国民の生活が決して改善したわけではない。経済支援は回り回って北朝鮮の核・ミサイル開発に投入され、韓国に対する核攻撃能力を獲得したという現実に至っている。このことは金大中や盧武鉉が金体制に施した善意が仇となったことを如実に物語る。散々弄ばれてきた過去の経緯を知りつつ文在演が手を差し伸べようとしているのか、前のめりとなった文在演が金正恩にはぐらかされているのか見当がつかない。厳然とした事実があるにも関わらず、またしても善意の手を文在演が差し伸べるのではその代償は計り知れないものになりかねない。

遠くない将来に第二回米朝首脳会談が開催されるであろうとの報道が伝えられる中で、金正恩の目論む非核化のやり方は通用しないことを明確に伝えることこそトランプが果さなければならない責務であろう。文在演に続いてトランプが金正恩との取引に前のめりにならないようにわが国はその都度、警鐘を鳴らす必要がある。

第Ⅲ章　問われるわが国の安全保障

第一節　経済制裁

二〇〇六年に金正日指導部がテポドン2号発射実験や第一回核実験など大規模軍事挑発に転じて以降、長距離弾道ミサイル発射実験や核実験の度に北朝鮮に対する経済制裁を盛り込んだ決議が安保理事会で採択されてきた。特に二〇一七年に入り対米ＩＣＢＭの完成に向けて狂奔する感のある金正恩指導部が大規模の軍事挑発を続発させたのに対し、これに対処すべく安保理事会決議が相次いで採択された。同年だけで採択された決議は四件を数えた。二〇一七年一二月採択の決議二三九七は二〇〇六年七月採択の決議一六九五から数えて実に十一件目の対北朝鮮経済制裁決議となった。第一節は近年採択された決議の骨子を概説し、北朝鮮への経済制裁の実効性の問題について論じる[1]。

（1）従来の安保理事会決議と履行問題

上記の通り、二〇〇六年に金正日指導部がテポドン2号発射実験と第一回核実験を強行して以降、二〇一六年までに安保理事会では安保理事会決議一六九五、決議一七一八、決議一八七四、決議二〇八七、決議二〇九四など、北朝鮮に対する経済制裁措置を盛り込んだ五件の決議が採択された。[2] しかしこれらの諸決議が実効性を伴ったかとなると疑義が残った。これらの決議は制裁の対象を兵器取引や金融取引の制限に力点を置いた。加えて経済制裁の履行はあくまで国連加盟国の自発的意思に委ねられた通り、加盟国に義務化されたものではなかった。実際に経済制裁の実効性については常に疑問視されてきた。この点について、加盟国による制裁の履行は極めて不十分であることが二〇一六年二月二四日に公刊された安保理事会の北朝鮮制裁委員会専門家パネル（the Panel of Experts established pursuant to resolution 1874）のよる報告書の中で明らかにされた。[3] 同報告書は北朝鮮と貿易のかかわりのある加盟国の多数はこれまで採択された諸決議に盛り込まれた制裁措置を的確に実施していないと論じた。上記の報告書にある通り、北朝鮮に対する国連による経済制裁には顕著な実効性がみられていないのが現実であった。

（2）第四回核実験と長距離弾道ミサイルの発射実験（二〇一六年一月、二月）

その後、二〇一六年一月六日に強行された北朝鮮による第四回核実験は世界をそれこそ震撼させた。[4] 第四回核実験に対し、中国、韓国、米国、日本、ロシアなど六ヵ国協議の五つの参加国は一様に怒りを露にした。ところが、それへの対応となれば、石油や食糧などの供給停止を含めた全面的な経済制裁を強硬に要求した韓国、米国、日本と、全面的な制裁に慎重な姿勢を堅持する中国やロシアの間で足並みが乱れた。特に厳しい経済制裁に踏み切った際の重大な跳ね返りを恐れる中国は消極的であった。対外貿易において中国へ圧倒的に依存する北朝鮮に対し石油や食糧などの供給を断つという策を中国指導部が実際に決断することになれば、金正恩体制の根幹を揺るがしかねない事態を招きかねないことが推察されよう。数百万人にも上る難民の流入に始まりありとあらゆる事態が連鎖するように生じかねないからである。[5] これに対し、朴槿恵（パク・クネ）政権は制裁に伴う跳ね返りがあろうにもかかわらず、毅然とした対応で臨んだ。こうした温度差が関係諸国の間での綱引きを生み、核実験から一ヵ月以上も経ちながら、安保理事会での決議の採択に至らなかった。この間隙に乗じるかのように金正恩指導部が強行したのが二月七日の長距離弾道ミサイル発射実験であった。[6]

この間、韓国、米国、日本は強硬な経済制裁を内容とする安保理事会決議の採択を要求すると共に、同決議がなかなか採択をみないことを念頭に置き、可能な範囲で独自制裁を科すことを決めた。韓国は強硬と思われる独自制裁に打って出た。朴槿恵政権は二〇一六年二月一〇日に南北交易額において圧倒的な比率を占めてきた開城（ケソン）工業団地の操業を停止することを決断した。[7] 開城工業団地の操業停止は南北交易全体が事実上、全面的に遮断したことを意味した。これに激憤した金正恩指導部は対抗措置として開城における韓国側の資産を没収すると警告した。[8]

(1) 安保理事会決議二二七〇の採択（二〇一六年三月二日）

他方、二〇一六年一月六日の第四回核実験と二月七日の長距離弾道ミサイル発射実験など度重なる軍事挑発には中国やロシアも真剣にならざるをえなかった。中国は厳格な経済制裁を科すことを逡巡したが、二月下旬に中国が譲歩する形でようやく安保理事会決議が採択される道筋が開けた。これにより三月二日に北朝鮮に対する経済制裁を著しく強化する内容を盛り込んだ安保理事会決議二二七〇が全会一致で採択される運びとなった。[9] 決議の骨子は以下の通りであった。

- 北朝鮮に出入する総ての貨物に対し各加盟国が自国の港や空港において検査することを義務化する。
- 北朝鮮との総ての兵器取引を禁止する。
- 民生目的を除き、北朝鮮からの石炭や鉱物資源の輸入を禁止する。

●北朝鮮への航空用燃料の輸出を禁止する。

●これまでの安保理事会決議に対する違反が疑われる総ての船舶が寄港することを禁止する。

●違法行為に関与した疑義のある北朝鮮の外交官などを追放する。

●北朝鮮の銀行の支店の開設を禁止するなどを通じ金融取引を厳しく取り締まる。

●渡航禁止や資産凍結の対象となる個人や組織を拡大する。

同決議の力点は兵器取引や金融取引の禁止の強化に加え、民生目的を除いた北朝鮮からの鉱物資源の輸入の禁止に置かれた。石炭や鉄・鉄鉱石は中国に対する北朝鮮の主要な輸出品目である。[10] さらに航空機燃料の供給を禁止した。しかも北朝鮮へ出入する総ての貨物の検査を加盟国の自国の港や空港で行うことを義務化することにより、加盟国による制裁実施は少なくとも文言上は強制的なものになった。これまでの安保理事会決議にみられた抜け穴や抜け道はかなり塞がれたことになる。

(2) 決議二二七〇の履行

それでは、決議二二七〇が実効性を挙げたであろうか。経済制裁の実効性は制裁を科す側の加盟国、とりわけ北朝鮮と密接な貿易関係のある国の履行意思に負うところが大である。北朝鮮が貿易総額の九割以上を中国との貿易に依存しているとみられる現実を踏まえると、特に重要であるのは中国であった[11]。

同決議が採択された当初、中国も決議の履行に向けて動いた。北朝鮮からの石炭や鉄・鉄鉱石の輸入を中国が断った結果、中朝貿易はしばらくの間は収縮に向かった。これに対し、貴重な過去遺産と伝統を根こそぎ台無しにしてしまった代価は何ものによっても補償することはできないと、中国への不満と憤りを金正恩指導部が露にするという一幕もあった[12]。ところがその後、中国は北朝鮮への経済制裁を徐々に緩和したとみられた。中朝貿易は二〇一六年八月に再び急増したとされる[13]。決議二二七〇には北朝鮮からの石炭や鉄・鉄鉱石の輸入禁止に関して、民生用であれば制裁対象から除外されるとの例外条項が含まれた。そうした例外条項を盾に中国は北朝鮮から石炭や鉄・鉄鉱石などの輸入を続けたと目される。中国が決議二二七〇の履行を緩めたことは決議二二七〇の実効性を事実上、骨抜きにしてしまった。しかも中国だけでなく他の多くの加盟国の姿勢も曖昧かつ不透明であった。決議二二七〇により各加盟国は北朝鮮の貨物の監視が義務化されたにもかかわらず、実際には遵守されていないのが現実であった。前述の北朝鮮経済制裁委員会報告で指摘された通り、北朝鮮は決議二二七〇の盲点を突くかのように、外国に関連部品を輸出したり、外国から部品を調達していた。同決議の採択から半年以上経っても、北朝鮮経済が枯渇していたことを示すこれといった兆候は現れなかった。

（3）第五回核実験と安保理事会決議二三二一の採択（二〇一六年一一月三〇日）

そこにもってきて強行されたのが二〇一六年九月九日の第五回核実験であった。[14] その後紆余曲折の末に一一月三〇日に安保理事会において決議二三二一が全会一致で採択された。[15] 決議二三二一は三月二日に採択された決議二二七〇を強化することに力点を置いた。同決議の主な骨子は以下の通りであった。

- 北朝鮮の主な輸出品目である石炭に対し、年間約四億ドルあるいは七百五十万トンの制限を科す。ただし、民生用についてはこの限りではない。
- 北朝鮮の銀、銅、ニッケル、亜鉛などの主な鉱物の輸出を禁止する。
- 北朝鮮が所有・運航する船舶の登録を抹消する。
- 外国で北朝鮮が有する銀行口座の数を減らす。

上述の通り、決議の力点は北朝鮮の最大の輸出品目である石炭の輸出に約四億ドルあるいは七百五十万トンの上限を科すことにより、北朝鮮への資金の流れを絶つことにあった。四億ドルというのは二〇一五年の石炭輸出額の三十八％に相当するとされた。加えて、銀、銅、ニッケル、亜鉛などの鉱物の輸出を禁じた。北朝鮮が被りかねない被害額は最大で年間九億ドルに達するとみられた。[16]

（4）「火星14」型ＩＣＢＭ発射実験と安保理事会決議二三七一の採択（二〇一七年八月五日）

その後、二〇一七年七月四日と七月二八日に強行された「火星14」型ＩＣＢＭの発射実験に対し採択されたのが決議二三七一であった。トランプ政権は七月四日の発射実験を受け、安保理事会で北朝鮮に対する経済制裁を盛り込んだ決議の採択に向けて急いだ。これに対し、中国とロシアが当初猛反発したことから、早期の決議採択は難しいとみられたが、中国とロシアが一転して米国に擦り寄る形で、北朝鮮のＩＣＢＭ発射実験を非難とすると共に北朝鮮に対し一層厳しい経済制裁措置を盛り込んだ決議二三七一が八月五日に全会一致で採択される運びとなった。[17] 決議二三七一の骨子は以下の通りであった。

- 北朝鮮の主な輸出品目である石炭、鉄・鉄鉱石、鉛・鉛鉱石などの輸出を全面的に禁止する。
- 海産物の輸出を禁止する。

●外国への北朝鮮労働者の追加派遣を禁止する。
●四機関と九個人を新たに制裁対象に加える。

これにより、石炭、鉄・鉄鉱石、鉛・鉛鉱石などに加え海産物といった北朝鮮の主な輸出品目の輸出が全面的に禁止されることになった。七月四日の「火星14」型ICBMの発射実験からおよそ一ヵ月間足らずで決議二三七一が採択されたことは想定を上回ることであった。その背景には、幾つかの事由があった。中国やロシアが採択に向け消極的であったこともあり安保理事会での審議は難航していたが、習近平指導部やプーチン指導部へのトランプ政権による圧力が功を奏した格好となり一気に採択へ進む運びとなった。

この間、ヘイリー（Nikki Haley）米国連大使は安保理事会で獅子奮迅の立ち回りを演じた。七月六日には北朝鮮に対する石油禁輸措置などの厳しい内容を盛り込んだ決議案の草案を中国やロシアに示した。金正恩体制を動揺させかねない石油禁輸措置に中国は激しく反駁した一方、発射されたのはICBMでなかったとロシアは反論した。(18) 七月二八日の二度目のICBM発射実験後においても中国とロシアは消極的な姿勢を変えなかった。これを受け、ヘイリーは安保理事会で決議が採択されないのであれば、今後、安保理事会の枠外でトランプ政権は独自制裁に打って出ると強く警告した。この独自制裁の警告こそ難色を示していた中国から支持を取り付けることにつながった。独自制裁の矛先としてトランプ政権が目を付けたのは北朝鮮との密接な取引を行っている中国企業への制裁であった。しかもこれだけに止まらず、中国への貿易報復措置の発動に向けた動きをトランプ政権が警告すると、貿易報復措置の発動の可能性に習近平指導部は慌てた[19]。トランプ政権の言うところの中国の不公正貿易に対して厳しい関税を課す「通商法三〇一条」が発動される可能性が出てきた。これを回避すべくトランプ政権に擦り寄り、決議案を支持することが得策との判断に習近平指導部が至った。こうしたトランプ一流の圧力行使が膠着状況を打開する契機となった。これと並行して、トランプ政権は北朝鮮への石油禁輸という習近平指導部にとって限りなく重い措置を決議案から除いたことで、中国は決議案への反対を取り下げた[20]。他方、発射されたのはＩＣＢＭではなかったとの立場を固持するロシアへの配慮も行われた。最終的に習近平指導部とプーチン指導部はトランプ政権がまとめた決議案の採択支持へと急旋回し、決議二三七一が急遽、採択される運びとなった[21]。

決議二三七一は二〇一六年一一月三〇日採択の決議二三二一に比較してさらに厳しい内容の制裁となった。決議二三二一が科した年間四億ドルあるいは七百五十万トンという北朝鮮の石炭輸出量の上限は取り払われ、石炭の輸出は全面的に禁じられた。一六年の北朝鮮の輸出入総額は約六五億ドルであり、その内訳は輸出が約二十八億ドル、輸入が約三十七億ドルであった[22]。上記の制裁対象品目の制裁が厳格に履行されれば、金正恩指導部の外貨獲得に実質的な打撃を与えることが推察された。北朝鮮の年間輸出総額に相当する約二十八億ドルの内、九億五千万ドルほどが損失を受けることになり、このことは輸出総額の約三分の一が縮小することを意味した[23]。加えて、資産凍結と国外旅行制限が適用される禁止対象には朝鮮貿易銀行など四機関と九個人が加えられた[24]。五万人以上の北朝鮮労働者が約四十ヵ国に派遣されているとされるが、外国への労働者の追加派遣も禁止された[25]。

(5) 第六回核実験と安保理事会決議二三七五の採択(九月一二日)

その後二〇一七年九月三日に爆発威力が約百六十キロ・トンに及んだとみられる第六回核実験を金正恩指導部が強行した[26]。これに対し、危機感を露にしたトランプ政権は安保理事会での北朝鮮に対する石油の全面禁輸を骨子とする決議の採択を目指した。とは言え、石油の全面禁輸に反発する中国やロシアが激しく食い下がったため、当初の全面禁輸という主張を米国が取り下げたことにより、九月一二日に全会一致で決議二三七五が急遽、採択された[27]。決議二三七五は当初案に比較して控えめな内容の決議に終わったとは言え、それでも北朝鮮への原油及び石油精製品の輸出量に一定の上限が設けられた。これにより、北朝鮮への石油の供給に始めて縛りが掛かった。決議の骨子は以下の通りであった。

●北朝鮮への石油輸出について上限を設ける。決議の採択から一年間の原油輸出量はそれまでの一年間分の総量を超過しない。またガソリン、軽油、重油といった石油精製品の輸出量は年間二百万バレルを上回らない。

●北朝鮮の繊維製品の輸出を禁止する。

●外国へ派遣されている北朝鮮労働者の就労を一層制限する。

●資産凍結及び渡航禁止対象に朴永植（パク・ヨンシク）人民武力相を加える。

決議二三七五の主眼は原油及び石油精製品の供給制限にあった。既述の通り、北朝鮮への原油の輸出量を過去一年の水準に凍結する一方、石油精製品の輸出量に年間二百万バレルという上限を設定した。[28] 北朝鮮への原油及び石油精製品の輸出総量は一年当たり約八百五十万バレルとみられ、そのほとんどは中国から供給されている。その内訳は原油が四百万バレル、石油精製品は四百五十万バレルとされた。これに対し、石油精製品の輸出に二百万バレルの上限が課されたことにより、一年あたり二百五十万バレルも低減することになった。これにより、石油精製品は五十五％の削減に繋がる。また原油及び石油精製品を含めた石油全体の輸入総量は約三割の落込みが見込まれるとされた[29]。他方、決議において安保理事会理事国が北朝鮮への輸出量を逐一安保理事会に報告することが義務付けられた。これにより、北朝鮮への石油のほとんど総てを供給する中国やロシアの実態が明らかになるのではないか期待された[30]。

また北朝鮮の繊維製品が輸出禁止となった。北朝鮮労働者を新規に雇用する場合に安保理事会からの許可が必要となった。北朝鮮労働者は四十カ国以上に五万人以上が派遣され、収入総額は毎年十二億から二十三億ドルに達するとされた[31]。しかし北朝鮮労働者の外国での就労が難しくなることにより、十億ドルもの減収に繋がるとみられた[32]。他方、制裁対象に加えられたのは朴映式だけであり、金正恩や妹の金与正（キム・ヨジョン）は猛反発を買うことを避けるために対象から外された[33]。

(6)「火星15」型ＩＣＢＭ発射実験と安保理事会決議二三九七の採択（一二月二二日）

その後二〇一七年一一月二九日に強行された「火星15」型ＩＣＢＭの発射実験に対する対抗措置として採択されたのが一二月二二日に全会一致で採択された決議二三九七であった[34]。決議の骨子は以下の通りであった。

●決議二三九七は決議二三七五が定めた年間二百万バレルの北朝鮮への石油精製品の供給上限をさらに五十万バレルに削減する。
●決議採択から一年以内に加盟国は北朝鮮労働者を本国に送還しなければならない。
●北朝鮮に対する海上封鎖を厳格化する。
●輸出禁止品目と輸入禁止品目を拡充する。
●制裁対象に人民武力省の一機関と一六人の個人を追加する。

上記の通り、決議二三九七の主たる制裁対象は北朝鮮へ供給される石油精製品である。北朝鮮の一年当たりの石油精製品の水準は四百五十万バレル程度で推移していた。これに対し、二〇一七年九月採択の決議二三七五は現状の四百五十万バレルから二百万バレルに削減した。決議二三九七はこの上限を年間二百万バレルからさらに五十万バレルに削減する結果、石油精製品の供給の実に八十九%が下落することになった。[35] 続いて、北朝鮮の海外労働者派遣に対する縛りも一段と厳しくなった。決議二三九七の採択から一年以内にすべての加盟国は北朝鮮労働者を本国に送還しなければならなくなった。また二〇一九年から北朝鮮労働者の海外派遣は全面的に禁止となる。[36] また北朝鮮に対する海上封鎖も厳格化した。北朝鮮船籍の船舶が加盟国の領海に進入することがあれば、拿捕、臨検、押収といった措置を加盟国は講ずることができることとなった。[37] さらに輸出禁止品目と輸入禁止品目が拡充された。[38] 加えて、制裁対象に人民武力省の一機関と十六人の個人が加わった。[39]

既述の通り、決議二三九七が北朝鮮への石油精製品の供給を八十九％も削減する結果、同決議が厳格に履行されれば、石油精製品は北朝鮮にほとんど入らなくなる。同決議は北朝鮮への石油の供給制限に踏み込んだ二件目の決議で、これにより金正恩体制の土台を支える石油の供給は厳しいものとなった。また北朝鮮労働者を向こう二年以内に送還することも含まれた。この結果、金正恩指導部は貴重な外貨獲得手段の多くを失うことになった。

（7）制裁履行の問題

確かに安保理事会で決議が相次いで採択されたことは評価できる一方、重要な課題が制裁の履行にあることは疑う余地はない。決議がなかなか期待された効果を挙げられなかった主な事由の一つは加盟国による決議の履行が不十分であったことによる。すなわち、決議通りに加盟国が制裁を履行に移さないのであれば、その効果は期待薄である。中朝貿易が北朝鮮の全貿易額に占める圧倒的規模を踏まえると、その最大の責任が習近平指導部にあることは間違いない。習近平指導部が何よりも憂慮しているのは厳格な経済制裁の履行の結果、金正恩体制が動揺するという可能性である。北朝鮮から石炭や鉄・鉄鉱石の輸入を禁止した二〇一六年三月の決議二二七〇の履行においても、中国が民生目的という例外事項の下で北朝鮮から石炭や鉄・鉄鉱石を大量に購入した経緯がある。[40] 人道的という側面があるにせよ民生目的というのはこれまで重大な隠れ蓑になってきた。また習近平指導部が決議の履行に前向きであったとしても、北朝鮮と隣接する中国東北地方の地方当局が決議履行についての中央当局の指示を遵守しないことも考えられる。

(1) 北朝鮮への中国の原油供給の問題

さらに重大なのは北朝鮮が消費する原油のほとんど総てを占めると言われる中国産出の原油供給の問題である。[41] 北朝鮮に供給される原油は北朝鮮国内で精製され、精製燃料は朝鮮人民軍に優先的に供給される。言葉を変えると、これが朝鮮人民軍の日々の活動を支えてきた。もしも中国が原油供給を停止、あるいは大幅に削減するという事態ともなれば、朝鮮人民軍は一気に深刻な燃料不足に見舞われかねない。この結果、朝鮮人民軍の日々の活動さえ立ち行かなくなることは明らかであろう。また多くの工場で稼働率が一気に下がり、一部の工場は操業停止に追い込まれることが予想される。そうなれば、北朝鮮国民の生活は一層窮乏化せざるをえない。このことから、金正恩体制の存続の鍵を習近平指導部が握っていると言うのは必ずしも誇張された表現ではない。

しかし原油の供給停止や大幅な削減という決断は予見不可能な事態を引き起こしかねないと習近平指導部が危惧しているとみられる。習近平指導部が原油の供給を含め経済制裁の厳格な履行を逡巡する事由は、もしも中国が経済制裁措置を厳格に実施しこれに伴い備蓄燃料の著しい枯渇を招き、ひいては北朝鮮経済全体が麻痺するような事態が予測されれば、金正恩が引き下がるという可能性よりも、逆の可能性が起こりかねないと憂慮していることによると推察される。

金正恩体制を支える根幹が動揺することがあれば、金正恩が一層冒険的な行動に打って出たり、北朝鮮国民の生活が一層困窮することがあれば、膨大な数に上る人々が中朝国境に殺到することが現実に起きるのではないか。これに続き、自暴自棄となった金正恩が韓国に対する大規模な軍事行動を決断するようなことがあれば、最悪とも言える展望が現実化しかねない[42]。そうした可能性を熟慮すると、鍵を握るとされる習近平指導部は実際に経済制裁の履行を手加減せざるをえなくなるのである。

(2)原油供給を巡る統計上の操作？　度重なる軍事挑発に対し不満と失望感を持つ習近平指導部が石油の供給を多少縮小することはあっても、全面的に停止することはないとみられる。このことは中国が近年、曖昧な貿易統計を発表してきたことにも標される。貿易統計によれば、二〇一四年以降中国から北朝鮮へ供給された原油供給量はゼロであるとされる[43]。もし本当にゼロであるならば、中国は北朝鮮への原油供給を遮断したことになる。しかし、現実には北朝鮮において原油が枯渇しているようにはみえない。実際には毎年五十万トンもの原油が中国から北朝鮮に供給されているとみられる[44]。このことは北朝鮮への中国の原油供給は統計から除外されており、中国が統計上、数字を操作しているのではないか疑わせる。こうしたことを踏まえると、習近平指導部の履行意思が改めて問われることになる。表向きは金正恩指導部の核兵器開発と弾道ミサイル開発を厳しく非難し、日米韓と意見を共有しながらも、肝心なところで習近平指導部は後ずさりしているのである。

(3)中朝貿易の不透明さ　加えて、原油の供給だけではなく北朝鮮の貿易において圧倒的比率を占める中朝貿易の実態が今なお不透明である。中朝貿易総額は二〇一七年前半だけで二十五億五千万ドルであった。その内訳は輸出が十六億七千万ドル、輸入が八億八千万ドルであった。度重なる安保理事会決議に従い北朝鮮への経済制裁が履行されているにもかかわらず、二〇一六年の同期に比較して中朝貿易は十％以上も拡大したとされる。これは制裁対象品目の取引が減るのと並行するかのように、制裁対象以外の品目の取引が大幅に増えた結果であると推察される。これまでみられたのは決議の採択に伴い、習近平指導部が当初は制裁決議の履行に加わったが、その後履行を次第に緩めるという図式であった。(45) しかも問題なのは原油供給だけでなく公式統計に表れない中朝間の非公式貿易である。非公式貿易は公式統計上の貿易額を超過すると目される。(46)

こうしたことから、中国が安保理事会決議を真摯に履行するかどうかについて過度な期待を持つべきではない。加えて中国だけでなく他の多くの加盟国も真摯に決議を実行に移してきたとは言えない。制裁決議が実効性を持つためには中国だけでなくロシアを初めとする他の国による制裁の履行も問われよう。経済制裁の実効性は相変わらず不透明かつ曖昧な部分を残しているのである。

第二節　ミサイル防衛

二〇一六年八月三日朝に北朝鮮西岸の殷栗（ウンユル）近郊より発射されたノドン・ミサイルと目される弾道ミサイルは秋田県沖の排他的経済水域に落下した。[47] これを重大視した日本政府は自衛隊が迎撃態勢を講ずる「破壊措置命令」を常時発令することを指示した。これにより、八月八日から常時発令状態に入った。[48] そこに持ってきて同年九月五日の昼頃に北朝鮮西岸の黄州（ファンジュ）近郊よりノドンと目されるミサイル三基が連続的に発射され、三発とも北海道の奥尻島西方沖約二百から二百五十キロ・メートルの排他的経済水域のほぼ同じ地点へ落下した。[49] さらに二〇一七年三月六日にはスカッドＥＲと目される弾道ミサイル四基が北朝鮮西岸の東倉里（トンチャンリ）近郊より連続的に発射され、その内三発が秋田県沖の排他的経済水域に落下した。[50] これらの一連のミサイル発射実験により、わが国が確実に北朝鮮の弾道ミサイルの射程圏内に捉えられているという事実を突き付けられた。ノドンやスカッドＥＲのような弾道ミサイルの開発が確実に前進していることは、「弾頭小型化」や「再突入技術」という呼称される技術革新と相まって、これまでの仮説上の脅威は現実の脅威となっていることを物語る。そうした脅威に対しどのように対処すべきか。ミサイル防衛（Ballistic Missile Defense: ＢＭＤ）は最も重要な対抗手段であるとは言え、わが国のミサイル防衛システムは弾道ミサイルを確実に迎撃できるであろうか。第二節はミサイル防衛が直面する課題について論及する。(51)

（1）わが国のミサイル防衛システムの概要

わが国のミサイル防衛は弾道ミサイルの飛翔経路のミッドコース（中間）段階でのＳＭ‐３（イージス艦搭載スタンダート３迎撃ミサイル）と同飛翔経路のターミナル（終末）段階でのＰＡＣ‐３（ペイトリオット改善３型迎撃ミサイル（Patriot Advanced Capability-3））の組み合わせからなる二層防衛システムである。(52)

すなわち、わが国に向けて北朝鮮の弾道ミサイルが発射されれば、速やかに地球の低軌道を周回する早期警戒衛星や地上に設置された早期警戒レーダーが弾道ミサイルの発射を探知してその飛翔を捕捉する。北朝鮮ミサイルの飛翔についての情報が日本海に展開するイージス艦に伝えられる。これを受け、イージス艦は北朝鮮ミサイルを迎撃すべくＳＭ‐３を発射する。ＳＭ‐３はミッドコース段階を飛行している北朝鮮ミサイルに直接衝突することで迎撃を達成する。もし北朝鮮ミサイルがＳＭ‐３による迎撃をすり抜けることがあれば、ミサイルはわが国に目がけて飛行を続ける。北朝鮮ミサイルから切り離された弾頭が大気圏内に再突入する。これに対し、ターミナル段階である地上十数キロ・メートル上空で弾頭に向けて地上に配備されたＰＡＣ‐３が発射される。ＰＡＣ‐３は目標めがけて落ちてくる弾頭に直接衝突し、迎撃する。こうしたことからＰＡＣ‐３はそれこそ土壇場での迎撃となる。もし土壇場で討ち漏らすことがあれば、地上の目標に着弾することになるため、何としても迎撃しなければならない。そのためＳＭ‐３とＰＡＣ‐３の両迎撃ミサイルによる迎撃能力が真剣に問われることになる。

（2）わが国におけるミサイル防衛システム導入に至る進捗

⑴テポドン１号発射実験（一九九八年八月三一日）

一九九八年八月三一日に日本列島上空を横断したテポドン1号ミサイルの発射実験はわが国の安全保障に強烈なメッセージを突きつけた[53]。この事態を重大視した当時の小渕内閣は将来のミサイル防衛システムの導入を念頭に九八年一二月にミサイル防衛に関する日米共同技術研究について閣議決定を行い、この閣議決定に従い共同技術研究が開始された[54]。

わが国のミサイル防衛システム

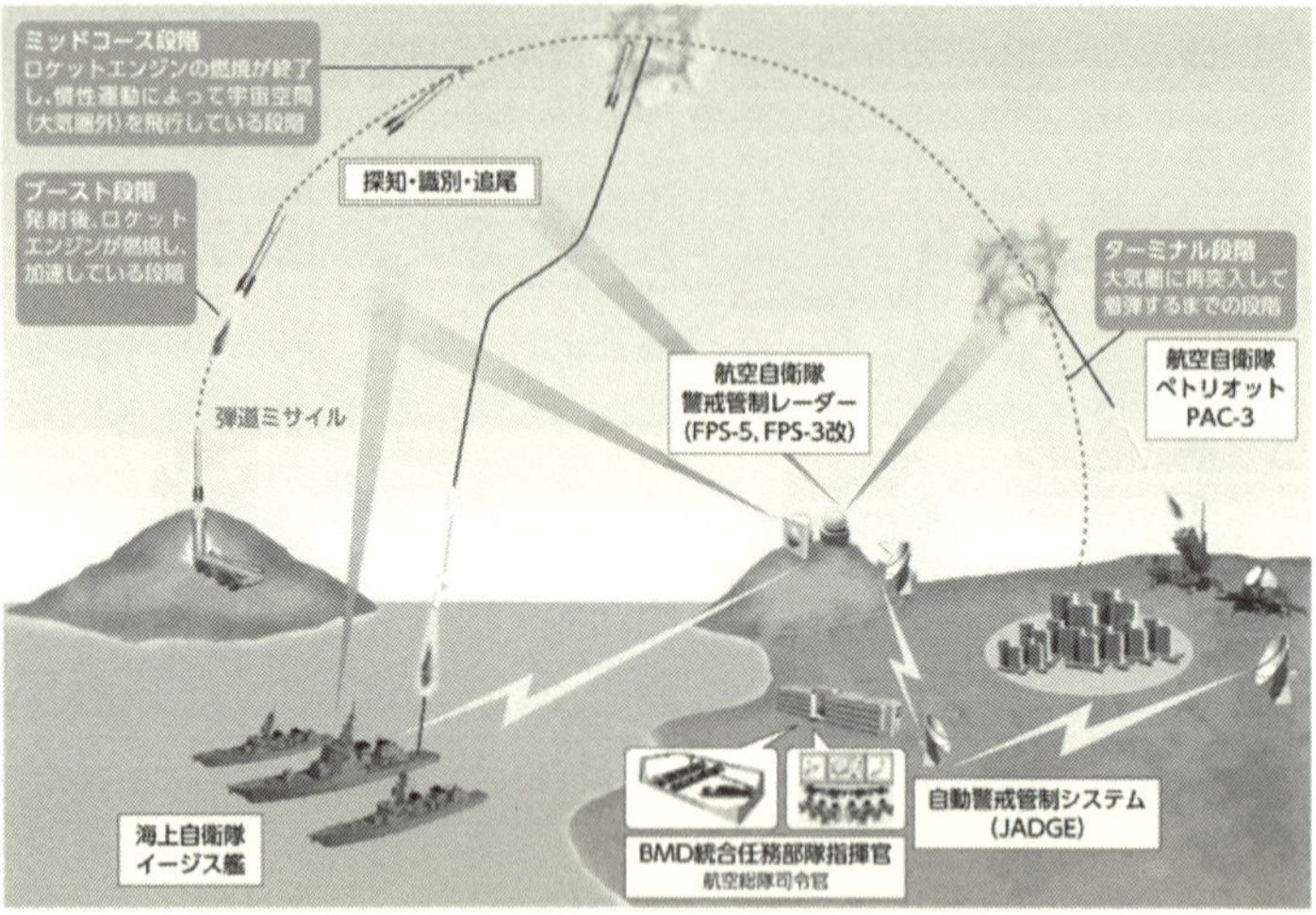

（出典：『（平成28年版）日本の防衛（防衛白書）』（防衛省・2016年）291頁。）

(2)ブッシュ政権のミサイル防衛の初期配備決定（二〇〇二年一二月一八日）

その後、ミサイル防衛システムの導入に大きな影響を与えたのはブッシュ（George W. Bush）政権によるミサイル防衛システムの配備決定であった。二〇〇一年一月に発足したブッシュ政権は米国民へ最大の脅威を及ぼす大量破壊兵器とその運搬手段を保有する敵性国家やテロ組織がもたらしかねない破滅的な危害から米国民を保護することを優先課題として掲げ、ミサイル防衛システムの配備を推進した。

ブッシュ大統領は二〇〇二年一二月一八日にミサイル防衛システムの第一

段階として初期配備計画を発表した[55]。米国のミサイル防衛システムの初期配備計画は弾道ミサイルの飛翔経路にあたるブースト（飛翔）段階、ミッドコース段階、ターミナル段階の各段階において飛来する弾道ミサイルの迎撃を目指す多層防衛である[56]。とは言え、航空機搭載レーザーを使用するブースト段階での迎撃には技術上の課題が残ることを踏まえ、二〇〇四年に始まった初期配備計画はミッドコース段階での地上配備防衛システム（GMD：Ground-based Mid-course Defense System）及び海上配備防衛システム（SMD：Sea-based Mid-course Defense System）と、ターミナル段階でのPAC‐3から編成されたものであった。GMDとSMDが大気圏外を飛行する弾道ミサイルをミッドコース段階で迎撃し、この防衛網を突破した弾頭を地上配備のPAC‐3が着弾直前のターミナル段階で迎撃するという二層防衛であり、わが国の初期配備と類似した内容である。

(3) 小泉内閣の決定（二〇〇三年一二月一九日）

ブッシュ政権がミサイル防衛システムの配備を決めたことを受け、小泉内閣はミサイル防衛システムの導入を決めた。二〇〇三年一二月一九日に二〇〇六年度末から始まる初期配備に関する「弾道ミサイル防衛システムの整備等について」を小泉内閣が閣議決定した[57]。

(4) 北朝鮮による核保有宣言（二〇〇五年二月一〇日）

その後、わが国に衝撃を与えたのは二〇〇五年二月一〇日に金正日指導部が行った核保有宣言であった[58]。こうした状況の下で、ミサイル防衛システムの導入のための法整備が喫緊の課題として浮上した。ミサイル防衛システムの配備を進める上で既存の法制では不備があるとの認識があったからに他ならない。このことは、主として弾道ミサイルの特性による。北朝鮮の弾道ミサイルがわが国の領土に十分以内に着弾する可能性を踏まえると、ミサイルへの対応時間として残された猶予は十分にも満たないことになる。これだけ短時間の間に的確な対応をとることは当然、困難を伴う。弾道ミサイルを迎撃すべく迎撃ミサイルを発射することは、いわゆる防衛出動に該当すると考えられるが、以前の法制では安全保障会議、閣議、国会による一連の承認が必要とされた。しかし、一秒を争う状況の下で一連の承認を得ていたのではすでに手遅れとなることは否められない。弾道ミサイルに現実的に対処するために自衛隊法の関連箇所についての改正が喫緊の課題であると認識された。

(5) 改正自衛隊法の成立（二〇〇五年七月二二日）

北朝鮮の核保有宣言から五日後の二月一五日に、ミサイル防衛システムの導入に向けて法制を整備する改正自衛隊法案が閣議決定された。[59] その後、弾道ミサイルをミサイル防衛システムによって迎撃する手続きを盛り込んだ改正自衛隊法案が二〇〇五年六月一四日の衆院本会議で決議されたのに続き、七月二二日に改正自衛隊法が参院本会議で成立する運びとなった。[60] これをもって、二〇〇七年春から始まる防衛システムの法整備が完了した。

(6) ミサイル防衛導入の前倒し（二〇〇六年七月五日）

その後、わが国に衝撃を与えたのが二〇〇六年七月五日の北朝鮮による一連のミサイル発射実験であった。[61] その内、一基はテポドン２号ミサイル、三基はノドン・ミサイル、三基はスカッド・ミサイルと目されたが、いずれも日本海に着弾した。一連のミサイル発射実験はわが国のミサイル防衛システムの配備予定を前倒しすることにつながった。発射実験を受け、七月七日にＰＡＣ‐３の配備を早めるとの政府決定が行われたことにより、当初二〇〇八年三月末に予定していた三基のＰＡＣ‐３の展開は二〇〇七年に前倒しとなった。[62]

(7) わが国のミサイル防衛システムの現状

二〇〇六年度末に始まった初期配備は二〇一二年度までの六年間に完了した。ミサイル迎撃システムを装備したイージス艦は四隻が展開してきたが、その内北朝鮮の弾道ミサイルに対処するのは日本海に展開する二隻であった。イージス艦は一隻当たり八基のSM‐3を搭載する。日本海上空を飛翔する弾道ミサイルをSM‐3が迎撃する。SM‐3による迎撃をすり抜けた弾頭を大気圏内で迎撃するのがPAC‐3であるが、PAC‐3の展開数は三二基に止まるのが現状である。

(8) ミサイル防衛システムの迎撃能力‐湾岸戦争でのPAC‐2の教訓　ミサイル防衛システムに内在する課題を突き詰めていけば、飛来する弾道ミサイルを確実に迎撃できるであろうかという迎撃能力に収斂する。実戦において同システムが想定通りに働くかどうかという問題を検討する必要があろう。この点に関連して、湾岸戦争で脚光を集めたPAC‐2(ペイトリオット改善2型)の迎撃能力は良くも悪くも貴重な先例となった。一九九一年春に起きた湾岸戦争においてイラクはサウジアラビアに展開する米軍基地を攻撃すべく多数のスカッド・ミサイルを発射した。これに対し、米軍基地を防護すべくPAC‐2がスカッドを迎え撃つことになった。当時、米国防総省はPAC‐2の迎撃率は百%近かったと力説した。その後、実際の迎撃率は九%程度に止まったという研究報告が公表されるに至った。[63] 九%という迎撃率は米政府の発表が著しく誇張されていたことを物語った。湾岸戦争での実例は実戦においてミサイル防衛が至難の業であることを物語る貴重な経験となった。わが国が導入しているＰＡＣ‐３はＰＡＣ‐２に改善が施された改善型であるとは言え、その迎撃能力には多少ならずとも慎重にならざるをえない。

⑼テポドン２号発射実験‐迎撃実験の機会

既述の通り、二〇〇六年七月五日に強行されたテポドン２号の発射実験は初期配備を進めていたブッシュ政権に迎撃の機会をもたらした。同政権にすれば、アラスカ州フォート・グリーリー（Fort Greely）空軍基地に九基、カリフォルニア州ヴァンデンバーグ（Vandenberg）空軍基地に二基配備されたＧＭＤの出動機会が巡ってきた。もしもテポドン２号の迎撃に成功すれば大々的に宣伝できることを念頭に、ブッシュ政権はミサイル発射実験に備え実戦態勢に切り替えた。[64]ところが、テポドン２号が発射直後に自損し日本海に落下したため迎撃実験に至らなかった。ブッシュは七月七日にテポドン２号の発射実験が成功していたならば、その迎撃に成功していただろうと自信を表明した。[65]

（3）近年における迎撃能力の改善と課題

近年、ミサイル防衛システムの迎撃能力は着実に改善している。米ミサイル防衛局（Missile Defense Agency）は迎撃実験を繰り返し迎撃ミサイルの改善を図ってきた。例えば、SM‐3について二〇〇二年一月から一五年一二月まで四十回の迎撃実験が行われ、三十三回の成功を収めたとされる。迎撃率は八十二・五％であった。[66]またPAC‐3について迎撃実験が三十五回実施され二十九回の迎撃に成功を収めた。これにより迎撃率は約八十三％に達したとされる。[67]

迎撃ミサイルの迎撃能力が一段と向上しているとされるが、北朝鮮による弾道ミサイルの攻撃に対しわが国のミサイル防衛システムが実際に対処できるであろうか。わが国領土のほぼ全域を射程に捉えるノドンや西日本地域を射程に捉えるスカッドERなどが複数、連続して発射される可能性を念頭に置く必要があろう。既述の通り、二〇一六年九月五日に移動式発射台から連続して発射されたノドン三基の事例や一七年三月六日に同じく移動式発射台から連続して発射させたスカッドER四基の事例は特に警戒を要する。

イージス艦搭載SM‐3とPAC‐3などわが国のミサイル防衛システムの配備状況を踏まえると、前述の複数の弾道ミサイルによる連続発射に対する迎撃は十分であるとは言い切れない。ＳＭ‐３を搭載するイージス艦は四隻であり、しかも北朝鮮の弾道ミサイルに対処可能であるのは日本海に展開する二隻であった。

イージス艦一隻につき装備されているＳＭ‐３は八基に止まることから、二隻のイージス艦に装備されているＳＭ‐３の合計は十六基であった。飛来する弾道ミサイル一基を迎撃するため二基のＳＭ‐３を発射する必要があると仮定すれば、ＳＭ‐３が迎撃可能な北朝鮮ミサイル数は一隻当たり四基程度であり、二隻では八基と割り出すことができた[68]。

ＳＭ‐３の迎撃能力が極めて高いとしても、八基以上の弾道ミサイルが連続的に発射されれば、ＳＭ‐３の迎撃網は素通りされる恐れがある。ＳＭ‐３による迎撃をすり抜けた北朝鮮ミサイルをＰＡＣ‐３が確実に迎撃しなければならない。とは言え、ＰＡＣ‐３の現在の展開数は三十二基に止まる。大気圏内に再突入した弾頭一発を打ち落とするためには少なくとも二基のＰＡＣ‐３が必要であると考えられることを踏まえると、迎撃可能な弾頭数は十六発程度となる。しかもＰＡＣ‐３の防護領域は直径五十キロ・メートル程度とされる[69]。このような既存の迎撃態勢で果たして大丈夫であろうか。

（4）対抗措置に対する対処の必要性

しかも迎撃を一層困難にするのは北朝鮮が様々な対抗措置を講ずることであり、このことも考慮に入れる必要がある。(70) 対抗措置には防衛システムによる迎撃を欺く、例えば、防衛網のすり抜けを目論む措置や、はたまた迎撃システム自体の破壊を狙う措置などもあろう。こうした中で容易で効果的な対抗措置と考えられるのは核弾頭を偽装したオトリ弾頭を弾道ミサイル上部に搭載し連続的に発射することであると考えられる。そうした場合、迎撃側にとって飛来するミサイルが核弾頭搭載なのか、それともオトリ弾頭搭載であるのか事実上、識別困難となろう。

わが国全域を射程内に捉えたノドン・ミサイルを約二百基も北朝鮮が保有し、その内、五十基相当が移動式発射台に搭載されていると目される。この移動式発射様式のノドンが深刻な問題を突きつけかねない。その内、数発の核弾頭を数基のノドンに搭載すると共に、オトリ弾頭をその他のノドンに搭載し、多数のノドンを複数の拠点に配置された移動式発射台から連続的に発射することが想定される。

例えば、四ヵ所の拠点に移動式発射台搭載ノドンが四基ずつ配備され、ノドンがほぼ同時に連続的に発射されるという状況を想定するとしよう。その内、各拠点に配備された四基のノドンに搭載された弾頭の内、三発がオトリ弾頭であり一発が核弾頭であると想定すれば、オトリ弾頭は十二発、核弾頭は四発であると割り出せる。計十六基のノドンがほぼ一斉に発射されること想定してみよう。オトリ弾頭と核弾頭を識別することは実際には困難であるため、飛来する総てのノドンに対しミサイル防衛システムは対処せざるをえない。弾頭すべてを迎撃できるのであれば、これにこしたことはないが、数発の弾頭を討ち漏らす可能性が残る。もしもその中に核弾頭が含まれる場合が問題なのである。こうしたことから、金正恩指導部が講ずる可能性がある対抗措置に的確に対処した上で、飛来するミサイルを確実に迎撃することが要求される。SM‐3の迎撃網が迎撃可能な数は八基程度に止まるとすれば、実際に前述のシミュレーションに従い十六基のノドンが飛来する場合に八基がそのまま素通りしかねない。PAC‐3が迎撃可能な弾頭数は十六発であることから、数量的に十分に対処できるはずであるが、PAC‐3の防護領域が極めて狭いため、ノドンの目標地点が拡散している場合には対処能力を超える恐れがあろう。

(5) ミサイル防衛システムの改修、拡充、新規導入

こうしたことから十分な迎撃能力を確保するためにはミサイル防衛システムの改修、拡

充、新規導入が喫緊の課題になっており、そうした認識に立ち防衛システムの改修、拡充、新規導入が現在進められている。その第一はイージス艦とSM‐3である。[71]上述の通り、ミサイル迎撃システムを有するイージス艦は四隻であったが、迎撃システムを有しないイージス艦である「あたご」と「あしがら」への迎撃システムの付加改修が行われている。二〇一七年一二月に「あたご」への迎撃システムの付加改修が終了し、今後、「あしがら」にも迎撃システムが装備される。加えて、迎撃システムを備えたイージス艦二隻が新たに配備される予定である。この結果、二〇二〇年に迎撃システムを備えたイージス艦は「こんごう」、「きりしま」、「みょうこう」、「ちょうかい」、「あたご」、「あしがら」に加え新型イージス艦二隻を加えた八隻へと移行する。

またイージス艦から発射される迎撃ミサイルについて現在のSM‐3ブロックIAは一層の迎撃能力を備えたSM‐3ブロックⅡAに切り替わることになる。SM‐3ブロックⅡAの導入により迎撃可能高度が高まるだけでなく防護領域も拡張すると期待されている。これらの結果、迎撃システムを装備したイージス艦は八隻となる一方、SM‐3ブロックⅡAが導入されることが見込まれる。

第二はPAC‐3についてである。[72]既存のPAC‐3の改善型であるPAC‐3MSE

(Missile Segment Enhancement)の導入が行われることにより、迎撃高度は十数キロ・メートルから数十キロ・メートルへと延長すると共に、二倍以上に防護領域が拡大することが期待される。

加えて、日本政府は二〇一七年一二月に陸上配備型イージス・システムであるイージス・アショア二基の導入を決めたところである。[73] イージス・アショアは迎撃システムを装備したイージス艦を陸上に配備するシステムであることから、陸上配備型イージス・システムと呼ばれる。今後、イージス艦の配備が拡充されるとは言え、海上配備型イージス・システムであるイージス艦だけでは入港などによってミサイル防衛態勢に隙間ができかねない事態を勘案して、ミサイル防衛態勢を補完する必要に迫られている。その点からもイージス・アショアの導入が急がれるところである。

また発射される弾道ミサイルの発射とその飛翔についての情報を確実にするためには日米だけでなく日米韓の連携を進めることが求められる。さらにミサイル防衛システムだけで対処困難であると判断されれば、「敵基地攻撃能力」という別の手段も慎重に検討する必要があろう。

第三節　「敵基地攻撃能力」

北朝鮮の核弾頭搭載弾道ミサイルの脅威に対処する上で、わが国のミサイル防衛システムは必ずしも万全であるとは言い難い。こうしたことから、ミサイル防衛システムの改修、拡充、新規導入を図ることが喫緊の課題となっている。加えて、ミサイル防衛を補完する手段として潜在的な敵国がわが国に向けて弾道ミサイルを発射する前に当該ミサイルなどの攻撃発動拠点に対し先制攻撃（preemptive strike）（この種の形態は予防攻撃（preventive strike）を指すが、先制攻撃という用語が一般的に使用されていることから、本節では先制攻撃に統一する。）を敢行することによりミサイルの発射を未然に阻止すべきではないかという議論が従来から行われてきた。これが「敵基地攻撃能力」と呼称される対抗手段である。（「敵基地攻撃能力」は「敵基地攻撃」と記載される場合もあるが、ここでは「敵基地攻撃能力」に統一する。）

わが国のミサイル防衛システムの抱える制約を踏まえると、北朝鮮の攻撃発動拠点に対する先制攻撃の必要性が問われないわけではない。と言うのは、ミサイル防衛システムの迎撃能力を高めるためには、まず相手の攻撃ミサイルの大部分を「敵基地攻撃能力」により削ぎ落とす必要があると考えられるからである。言葉を変えると、「敵基地攻撃能力」を通じ北朝鮮の攻撃発動拠点に対し相応の被害を与え、破壊を免れた少数のミサイルがわが国に向けて発射された際にそれらを迎撃する手段としてミサイル防衛が実効性を持つと考えられる。またそうした展望の下で、ミサイル攻撃が失敗に帰す可能性を案じた北朝鮮指導部がミサイル攻撃を控えるとの推論に立ち、抑止の強化につながるとする論議が行われてきた。(74)とは言え、「敵基地攻撃能力」は専守防衛を掲げるわが国の安全保障政策の根幹と抵触しないであろうか、また技術的に実行可能であろうかなど、幾つもの課題が生じる。第三節は「敵基地攻撃能力」に内包する課題について考察する。(75)

(1)「敵基地攻撃能力」を巡る進捗

(1) 鳩山一郎内閣による答弁

相手側が弾道ミサイルを発射する前の段階でその発射基地を未然に叩く趣旨の「敵基地攻撃能力」の是非は国会で数十年前から議論されてきた。最も頻繁に引用される答弁は一九五六年二月二九日の二四回衆議院内閣委員会で鳩山一郎内閣の船田中・防衛庁長官が行った答弁であり、「敵基地攻撃能力」についての原点とも言えるものである。船田によると、「わが国に対して急迫不正の侵害が行われ、その侵害の手段としてわが国土に対し、誘導弾等による攻撃が行われた場合、座して自滅を待つべしというのが憲法の趣旨とするところだというふうには、どうしても考えられないと思うのです。そういう場合には、そのような攻撃を防ぐのに万やむを得ない必要最小限度の措置をとること、たとえば誘導弾等による攻撃を防御するのに、他に手段がないと認められる限り、誘導弾等の基地をたたくことは、法理的には自衛の範囲に含まれ、可能であるというべきものと思います。[76]」その後、「敵基地攻撃能力」は憲法上、合憲であるとする見解が政府答弁として繰り返し示されてきた。[77]

(2)二〇〇六年七月の弾道ミサイル連続発射実験と「敵基地攻撃能力」論議

二〇〇六年七月五日に北朝鮮がミサイル発射実験を立て続けに行ったことは「敵基地攻撃能力」の論議に火をつけることになった。七月九日に「敵基地攻撃能力」の保有を検討する必要があると額賀（ぬかが）防衛庁長官が表明した。[78] この発言は直ちに韓国政府から反発を生んだ。日本政府関係者が先制攻撃論議をぶち上げたと盧武鉉（ノ・ムヒョン）韓国大統領が過敏に反発した。[79] 同発言の背景には、わが国による「敵基地攻撃能力」が功を奏するいかんにかかわらず、その煽りを受ける形で朝鮮半島で大規模の武力衝突を触発する危険性が極めて高いと盧武鉉が認識していたことがある。

まもなくして盧武鉉発言は日本政府関係者から反発を招いた。その一つは、七月一二日の安倍官房長官（当時）の発言であった。安倍によると、「敵基地攻撃能力」は厳格な前提条件の下で実施されるものであり、盧武鉉が勝手に言っている先制攻撃批判は全くの的外れである。[80] 他方、自民党内部から「敵基地攻撃能力」への批判があった。山崎拓は同日、「敵基地攻撃能力」保有論はわが国の専守防衛に反すると共に憲法違反であると反論した。[81] この時期と前後して、危機の収拾には外交努力が重要であるとして、「敵基地攻撃能力」の実施を考えるべきではないと、ブッシュ政権のチェイニー（Richard B. Cheney）副大統領が力説したという経緯がある。[82]

(3)安全保障環境の劇的推移と「敵基地攻撃能力」論議の浮上

しかしそれから十年以上も経ち、わが国を取り囲む安全保障環境が劇的な変化を遂げる中で、「敵基地攻撃能力」が改めて叫ばれている。わが国での「敵基地攻撃能力」と類似した対抗手段はトランプ政権、米韓連合軍、韓国軍においても選択肢の一つとしてすでに練られている。遠からず米本土を射程に捉える対米ＩＣＢＭが完成するであろうと目される状況の下で、トランプ政権は北朝鮮の核弾頭搭載弾道ミサイルの攻撃発動拠点に対する先制攻撃を選択肢の一つとして検討を進めている。そうした先制攻撃はしばしば「外科手術式攻撃（surgical strike）」や軍事的選択肢（military option）と呼ばれている。[83] また米韓連合軍は朝鮮半島有事を想定し「作戦計画5015（〝OPLAN5015〟）」を二〇一五年に策定し、それに従い訓練を重ねている。「作戦計画5015」は北朝鮮の攻撃発動拠点に対し先制攻撃に打って出ることを辞さないことを前面に掲げている。[84] すなわち、北朝鮮が核ミサイルを発射する兆候を探知し次第、その攻撃発動拠点を叩くというものである。さらに米韓連合軍の「作戦計画5015」とは別に、韓国軍は独自で「キルチェーン（Kill Chain）」という呼称で攻撃発動点への先制攻撃態勢の構築を進めている。[85] すなわち、「キルチェーン」も核弾頭搭載弾道ミサイルの発射の兆候を探知次第、攻撃発動拠点に対して先制攻撃を加える。先制攻撃に続いて飛来する核ミサイルを「韓国型ミサイル防衛（ＫＡＭＤ）」システムで迎撃する。[86] さらに金正恩が潜む平壌の指揮部に「大量反撃報復（ＫＭＰＲ：Korea Massive Punishment & Retaliation）」を浴びせる。[87] 日々差し迫った感のある北朝鮮による核ミサイル攻撃の脅威に対し韓国軍は「キルチェーン」、「韓国型ミサイル防衛」、「大量反撃報復」からなる三軸体系の構築を急いでいる。その中で、第一の対応が攻撃発動拠点に対する先制攻撃である

「キルチェーン」であると位置づけられているのである。北朝鮮の核攻撃能力が劇的に向上していることに伴い脅威が漸次高まりつつある中で、呼称はそれぞれ異なるものの、攻撃発動拠点に対する先制攻撃をトランプ政権、米韓連合軍、韓国軍も検討し、推進していると言えよう。

(2) わが国の「敵基地攻撃能力」の検討問題

北朝鮮の核ミサイル攻撃の矛先を向けられかねないわが国において「敵基地攻撃能力」が検討されるべきであろうか。二〇一七年一月二六日の衆院予算委員会において、安倍首相は「敵基地攻撃能力」について検討すべきであるとの趣旨の答弁を行った。同首相によると、「政府は従来、他に手段がないと認められるものに限り、憲法が認める自衛の範囲に入り可能であると考えている。一方、わが国は敵基地攻撃を目的とした装備体系を保有しておらず、保有する計画もない」と前置きし、「国民の生命と財産を守るために何をすべきかという観点から、常にさまざまな検討は行っていくべきものと考えている」と答弁した。また首相は「専守防衛の堅持は当然だ」と明言した(88)。

「敵基地攻撃能力」が攻撃発動拠点への先制攻撃を目指すことを踏まえると、「敵基地攻撃能力」は金正恩指導部を著しく挑発し、その結果反対に同指導部による先制攻撃を誘発しかねないという疑問が生じかねない。そうした疑問点があるものの、金正恩指導部による常軌を逸したとみられる核兵器開発計画と弾道ミサイル開発計画への狂奔ぶりを踏まえ、ミサイル防衛を補完するものとして実施に移す必要があるとの認識に米韓連合軍も韓国軍も至っていることは既述の通りである。とは言え、わが国の文脈において「敵基地攻撃能力」を考察する際、論じられなければならない課題は少なくない。

⑴法理論上の整合性

「敵基地攻撃能力」は法理的に可能なのか。既述した通り、船田防衛庁長官の答弁にある通り、従来から法理的に可能であるとの議論があるとは言え、具体的形態として先制攻撃に相当する「敵基地攻撃能力」は専守防衛の範囲に止まらない可能性がある。

自衛権との関係——　まず自衛権との関係が検討課題として浮上する。わが国が主権国家として有する自衛権は、発生した侵害だけでなく差し迫った侵害に対して行使できると理解されている。いわゆる急迫不正な侵害への対処として自衛権の行使がこれにあたる。北朝鮮によるミサイル攻撃という急迫不正な侵害に対し、わが国が自衛権の行使として北朝鮮の攻撃発動拠点を破壊するのが「敵基地攻撃能力」に該当する。それでは「敵基地攻撃能力」が自衛権の構成要件を充足するであろうか。これまでわが国が自衛権を行使するための構成要件として以下の三点が指摘されてきた[89]。第一に、急迫不正の侵害があること。第二に、これを排除するために他の適当な手段がないこと。第三に、必要最小限度の実力行使に止まること。

第一の要件として、急迫不正の侵害が存在するかどうか。北朝鮮の弾道ミサイルがわが国領土への着弾まで十分以内とされるミサイルの特性を踏まえ、ミサイル発射はわが国に対する急迫不正な侵害とみなすことができよう。問題はいつの時点で急迫不正な侵害とみなすかであるが、北朝鮮が弾道ミサイルによる武力攻撃に着手したときを指すと一般に理解される。第二の要件として、他にこの脅威を排除する手段を有していないと考えることができるであろうか。そうした脅威に対しミサイル防衛が講じられているわけであるが、ミサイル防衛が脅威を排除する確固たる手段としてみることできるかどうかが問われよう。ミサイル防衛の迎撃能力に疑義が残ることを踏まえると、脅威を排除する万全な手段は有していないとみられよう。第三の要件として、攻撃発動拠点を破壊する攻撃は必要最小限度なものに止めることができるであろうか。

要約すると、核弾頭搭載弾道ミサイルの発射からわが国領土への着弾まで時間にして十分も残されていないとすれば、同ミサイルの脅威はそれこそ急迫不正の侵害に対する自衛権の行使と解釈されるであろう。またそうしたミサイル攻撃に対しわが国がミサイル防衛で防衛態勢をとっているとは言え、その迎撃能力について疑問が残ることを踏まえると、他にそうした脅威を排除するためにこれといった自衛手段がみつからないのが現実である。さらに攻撃発動拠点に破壊対象が限定されるという条件であれば、「敵基地攻撃能力」が自衛権の行使の条件を満たしていると言えないわけではない。

専守防衛との関係——とは言え、わが国の防衛政策の根幹とされる専守防衛の観点から、「敵基地攻撃能力」に曖昧かつ不透明な点が残る。専守防衛について『(平成17年版)日本の防衛(防衛白書)』は次のように言及した。「専守防衛とは、相手から武力攻撃を受けたときにはじめて防衛力を行使し、その態様も自衛のための必要最小限にとどめ、また、保持する防衛力も自衛のための必要最小限のものに限るなど、憲法の精神にのっとった受動的な防衛戦略の姿勢をいう。(90)」

専守防衛を掲げるわが国にとって具体的形態として先制攻撃に相当する「敵基地攻撃能力」は専守防衛の範囲に止まらない可能性がある。これまでの一般的な理解に照らしてみると、わが国が独自で「敵基地攻撃能力」を行いうる余地は必ずしも多くはない。「敵基地攻撃能力」は法理的に可能であると解釈されたとしても、専守防衛の立場から攻撃的兵器を自衛隊は保有できないとされてきたことから、必要な場合には日米安保条約の枠組みで在日米軍に委ねられると考えるのが一般的である[91]。すなわち、日米安保条約に基づき在日米軍が北朝鮮の攻撃発動拠点に先制攻撃を行うということを意味する。このことは、必要と判断されれば、在日米軍が「敵基地攻撃能力」のために出動する可能性があることを示唆するものである。

(3)「敵基地攻撃能力」の実効性の困難さ

とは言え、「敵基地攻撃能力」としばしば呼ばれる攻撃発動拠点への先制攻撃という選択肢にはなかなか難しい課題が付きまとう。北朝鮮がミサイル攻撃に着手したと判断される事態を想定してみよう[92]。そうした事態の発生が偵察衛星などの監視手段によって探知されることが想定される。これを受け、日米安保条約に従いわが国の要請を受ける形で、在日米軍が北朝鮮に対する「敵基地攻撃能力」の実施に移ると仮定しよう。とは言え、上記のミサイル攻撃への着手が「敵基地攻撃能力」の判断基準となるとは言え、曖昧な文言だけに重大な意味を持つ。

この点について、石破防衛庁長官（当時）は二〇〇二年の段階でミサイル攻撃への着手について、例えば、北朝鮮が東京を灰燼《かいじん》に帰すと宣言を行い、燃料を注入し始めたような意図が明確な場合を指す趣旨の答弁を行った(93)。こうした具体例をもって急迫不正な侵害と判断することが理解できるとしても、現実には多様な可能性が考えられるため、判断が可能とは必ずしも断言できない。そのため、切迫した事態の下で確証がないとしても「敵基地攻撃能力」を開始せざるをえないとの判断に迫られる側面があることが予測される。実際問題として日朝間で緊張が一気に高まった際に、わが国に向けたミサイル攻撃を示唆する政治宣言などあてにならないために、弾道ミサイル攻撃に向けた北朝鮮による初動的な動きさえも、攻撃着手と判断せざるをえなくなる可能性が高く、その段階で「敵基地攻撃能力」の実施に移らざるをえなくなろう。

また「敵基地攻撃能力」の実効性には他の観点からも難しい側面があろう。このことは北朝鮮の主力弾道ミサイルが固定式発射台搭載様式から上空からの探知が難しい移動式発射台搭載様式に移行していることに関連する。一部のノドン・ミサイルのような移動式発射台に搭載されたミサイルについては、「敵基地」がいちいち移動することから、「敵基地攻撃能力」という文言自体に疑問符が付きかねない。相当数に上る移動式発射台搭載ミサイルを極めて短時間の内に発見することは決して容易なことではない。と言うのは、地下坑道に秘匿された移動式ミサイルは上空から探知し難いだけでなく、いよいよミサイルを発射する段階で地上に姿を現すからである。もし深夜に移動式ミサイルが発射されるのであれば、事前に同ミサイルを探知することは一層困難になると推察される。

移動式発射台搭載ミサイルの大部分が探知され、何らかの方法でわが国に向けて攻撃着手態勢に入っていることが確認されたことを受け、移動式ミサイルを破壊する作戦行動に打って出ると想定してみよう。その際、作戦行動と破壊規模を果たして最小限度に止めることができるであろうか。固定目標であれば、命中精度が極めて高い精密爆撃や巡航ミサイル攻撃によって破壊規模は限定できるかもしれないが、相当範囲に点在していると想定される移動式ミサイルを速やかに発見し破壊するとなれば、広範囲に及ぶ作戦にならざるをえない。こうしたことを踏まえれば、相手側にとっても状況は極めて切迫していることから、ミサイルが破壊される危険性に曝される前にミサイルを発射するよう動機づけられることが想定される。

（4）「敵基地攻撃能力」の検討の必要

二〇一六年八月と九月に強行されたノドン・ミサイルの発射実験や二〇一七年三月のスカッドERの発射実験は今後、起こりかねない事態を暗示しかねない。もし複数の拠点から幾つもの弾道ミサイルが連続的にわが国に向けて発射されるような場合、既存のミサイル防衛システムがそれらを確実に迎撃することは容易ではないと考えられる。それゆえに、「敵基地攻撃能力」という呼称の先制攻撃の必要性が叫ばれている所以である。わが国の排他的経済水域へのノドンやスカッドERが相次いで落下している現実を目の前にして、この選択肢の検討を様々な視点から早急に進める必要があることは確かであろう。

結論——非核化というまやかし

（1）非核化への様々な疑義

確かに二〇一七年の終りまで金正恩指導部が猛進していた対米核攻撃能力の完成を最終目標に据えた核武力建設路線は功を奏さなかったし、このまま緊迫した危機的状況が続くことになれば遠からず北朝鮮の核・ミサイル関連施設への米軍による大規模空爆がありうることを金正恩が肌で感じたであろう。また二〇一七年を通じ採択された安保理事会決議に基づき科された経済制裁が殊の外、効き始めていることも金正恩が表向き上、非核化に向けて大きく舵を切ることにつながったと言える。とは言え、二〇一七年の終りまで「国家核戦力の完成」という文言を借り対米核攻撃能力を完成させたとしてトランプを度々脅してきた金正恩が百八十度方向転換するかのように非核化、非核化と吹聴したことを本当に信じている政治指導者や専門家はどれだけいるであろうか。金正恩の示唆するところの非核化の意思がどこまで本当なのかについては様々な立場の人々から疑義が表明されてきた。[1]

非核化について朝鮮労働党や北朝鮮政府の幹部達から疑問視する声が度々伝えられた。金日成から金正日を経て金正恩に至る三代にわたる金体制は核兵器を国家存立のための宝剣であると捉え核兵器開発に邁進してきた。そのように事ある度に言われてきた幹部達にとって、金正恩がこの期に及んで核を突然、放棄すると宣言しても幹部達の目には半信半疑に映っていた。このことは「……命同然の核を完全に放棄するはずがない」とみる幹部の発言に表れた。[2]また「……金（正恩）委員長が言う核放棄と国際社会が主張する完全な核放棄は意味が違う……」という幹部の見方もあった。こうした発言は事の本質の一端を表している。「……核を放棄するということは北朝鮮体制を放棄することと何が違うのか……」という幹部の発言に集約された通り、[3]幹部達から見て核の放棄は北朝鮮体制の放棄を意味したのである。後述する通り、金正恩の意味するところの核の放棄は核の全廃ではなく限定的なものであることを物語ると言えた。

韓国へ亡命した元北朝鮮外交官の太永浩（テ・ヨンホ）も金正恩が核を完全に放棄することはないと疑義を挟んだ。太永浩によると、核を「平和守護の強力な宝剣」と金正恩は位置づけ、「我々子孫がこの世で最も尊厳高く、幸せな生活を享受することができる確固たる担保である」と金正恩は語ったとされる。こうした金正恩の発言を踏まえ、「……未来の確固たる担保であると規定しておきながらこれを放棄する?決して有り得ないことだ。核兵器の一部を放棄するなら分からないが……」と太永浩は発言した。[4]こうした発言は金正恩が示唆する核の放棄とは核の全廃ではなくその部分的な放棄であろうことを物語ったのである。

こうしたことから、北朝鮮が開発・保有している核ミサイル戦力の一部を金正恩は堅持しようと目論んでいるのではないかとの疑義が持ち上がった。このことは北朝鮮領内に想定以上に多数の核関連施設が点在していることからも窺えた。北朝鮮領内に点在する主な核関連施設は四十から百に及ぶ一方、保有する核弾頭は二十から六十発にも達すると米国の情報機関は推定している。(5) しかも北朝鮮の核兵器計画の全容を米国の情報機関が把握しているわけではない。地下の核関連施設に秘匿されている可能性のある核分裂性物質や核弾頭を含めると、推定されているのは氷山の一角かもしれない。

これに対し、米朝首脳会談を受け北朝鮮の「完全な非核化」に確信を得たトランプは非核化の完遂に向けて直ちに動き出した。まもなく金正恩に総ての核関連活動の全容を盛り込んだ申告を数週間以内に提出するようトランプは要求した。ところが、金正恩からなかなか回答がない状況が続いた。振り返ると、これがまやかしの始まりであった。

(2) 申告提出の拒否

何故に、「完全な非核化」に合意しながら、金正恩は核関連活動を盛り込んだ申告の提出に一向に応じようとしないのであろうか。北朝鮮領内に点在する核関連施設の所在や核弾頭の数量など、米情報機関の推量がどれだけ現実に即したものであるか不確実であるとは言え、申告の提出がなされれば、申告内容に虚偽の申告や過小な申告があるかどうか精査することを通じ、核関連活動の全容にトランプ政権は少なからず近づくことになろう。このことから明らかな通り、申告の提出により核関連活動の全容が白日の下にさらされかねないことを金正恩は真剣に恐れているのであろう。

「完全な非核化」という言質を金正恩からとったトランプとすれば、申告内容に疑義が持たれた施設があれば同施設への査察を求める必要を感じるであろう。その際、査察に金正恩が応じないようでは、強制的な査察である「特別査察」の要求もトランプは視野に入れるであろう。これに対し、金正恩が「特別査察」を受け入れるとは考え難い。

(3) 査察拒否の可能性

既述の通り、査察の受入れを巡る対立は金日成の時代からすでに起きたことである。一九九〇年代の初めに金日成指導部は徹頭徹尾、非協力的姿勢でＩＡＥＡによる査察に抵抗した。金日成の非協力的姿勢は寧辺の核廃棄物貯蔵施設をＩＡＥＡへ申告しなかったことに始まる。これに気づいたIAEAが疑惑視された核廃棄物貯蔵施設に対し「特別査察」の実施を要求すると、「特別査察」の受入れを拒絶しただけなくNPTから脱退を金日成指導部は表明した。これに慌てたクリントン政権は北朝鮮をNPTに留まらせるべく支援の提供をちらつかせ、米朝高官協議を続けた。とは言え、核兵器開発の一端を暴かれることを恐れた金日成は核関連施設でのサンプル採取を最後まで拒否し続けた[6]。これが端緒となり、一九九四年六月中旬に米朝間で一触即発の事態へ発展したのである。

二〇〇〇年代にはブッシュ政権も同様の経験を余儀なくされた。二〇〇三年八月から二〇〇八年一二月まで断続的に開催された六ヵ国協議において、「共同声明」、「共同声明の実施のための初期段階の措置」合意、「共同声明の実施のための第二段階の措置」合意など幾つかの合意が成立した。ブッシュはこれらの合意の履行を完遂させるため核関連施設の無能力化を検証すべく査察を受け入れるよう金正日に迫ったが、金正日は執拗に抵抗を続けた。この時もサンプル採取には断固応じられないと突っぱねた[7]。ブッシュは結局二〇〇八年一二月までに「第二段階の措置」合意の履行の完遂を諦めたという経緯がある。これも査察を巡る対立が解けなかったことに起因する。

クリントン政権とブッシュ政権時代に行われた米朝協議が多かれ少なかれ頓挫を余儀な

くされた主な事由は査察での対立に根差した。査察は高度に技術的な問題であるだけでなく、非核化に向けた金体制の意思が真摯に問われる試金石である。過去の経験はトランプだけでなく金正恩にとっても重要な教訓となっている。査察逃れを断固防ぐために強制的な査察が必要不可欠であるとトランプは感じているであろう一方、先代達が行ってきたことを真似れば、査察は何とか切り抜けることができると金正恩は安直に捉えているであろう。査察の実施に向け金正恩による真摯かつ誠実な協力がないと、査察は不十分かつ不満足な結果となりかねないが、その真摯かつ誠実な協力の確保が疑わしい。

すなわち、核関連活動の実態が暴かれるような査察と査察にとって貴重な基礎情報になる申告の提出に金正恩が応じるとは考え難い。言葉を変えると、申告の提出に一向に応じようとしない金正恩には非核化に応じる意思は限りなくないのではないのかとの疑問が湧かざるをえないのである。実際に申告の提出がない限り非核化は前進することはない。

(4) 金正恩の真意

それでは金正恩の真意はどこにあろうか。実際に核を放棄する意思が金正恩に全くないかは必ずしも明らかではない。北朝鮮で全能の一人独裁者である金正恩に異論を唱えることができる人間などいないことを踏まえると、非核化の履行は金正恩の意思次第ということになろう。トランプが示唆する見返り欲しさに一部の核ミサイル戦力の放棄を金正恩が一時でも真剣に考えるときがないわけではないであろう。とは言え、次の瞬間に金正恩は核の放棄に応じる意思を失っているのではなかろうか。このようにみると、非核化が全くのまやかしに過ぎないかというと、必ずしもそうではなく金正恩の気持ちは揺れ動いているのかもしれない。

とは言え、少なくとも金正恩が開発・保有する核の全廃に応じることはないであろうことは、既述の通り各方面からの推察にある通りである。今後の状況次第では金正恩が対米ICBMを放棄することを考慮するかもしれない反面、金正恩が一定の核ミサイル戦力を堅持しようとすることは間違いがない。このことは既述の通り、二〇一八年四月二〇日に朝鮮労働党中央委員会総会において金正恩が宣言した内容からも伝わってくる。(8)「核兵器開発の全過程が完遂した」ことにより、今後核実験やICBM発射実験を中止することに加え、核実験場を廃棄すると金正恩は宣言した。核実験やICBM発射実験の中止の意味するところは、長距離核ミサイル戦力である対米核攻撃能力を放棄する用意はある一方、短距離核ミサイル戦力である対韓核攻撃能力や中距離核ミサイル戦力である対日核攻撃能力はその限りではないとの印象を与えた。対韓・対日核攻撃能力は最小限の抑止力として必要不可欠であり、何か不測の事態があった際の保険として金正恩が堅持するとみられる。

これらの対韓・対日核攻撃能力こそ体制の保証を担保するものと金正恩は考えているのではないか。またこのことは金正恩が優先順位を置いている体制の保証の観点からも窺える。体制の保証として朝鮮戦争の終戦宣言や朝鮮戦争休戦協定にとって替わる平和協定の締結を金正恩は求めたいところであろう。トランプが今後、朝鮮戦争の終戦宣言に続き平和協定の締結や国交正常化を通じ金正恩の体制を保証すると宣言する可能性がある。とは言え、金正恩から見てトランプによる口先だけの宣言では必ずしも十分とは言えない。そうしたものは結局、紙切れ一枚の約束に過ぎない。体制の保証を確実に担保するのは最小限の核抑止力であると金正恩の目に映っているであろう。言葉を変えると、既述の通り核ミサイル戦力の一部を堅持する必要があると金正恩は考えているとの結論に結びつく。核ミサイル戦力の堅持は朝鮮人民軍の利害にも合致する。核の全廃を通じ国防力の根幹を事実上の武装解除の危機に曝すことを軍が望んだり喜んだりするとは思われない。核を全廃するという選択肢は軍の権益確保の点からもあり得ないことである。核を全廃しようとすれば、朝鮮人民軍の一部が金正恩に反旗を翻してもおかしくないであろう。

こうしたことをトランプはどのように捉えているのか。米国本土に直接脅威を与えるICBMは断固看過できないとトランプの目に映る一方、短距離核ミサイル戦力や中距離核ミサイル戦力は必ずしもその限りではない可能性がある。もしも北朝鮮が開発・保有するすべての核ミサイル戦力の放棄の完遂という基本姿勢をトランプが貫くならば、徹底的な査察の実施が不可欠となる。とは言え、そうした査察には膨大な数に及ぶ人員に加え途方もない時間と労力を要すると考えられる。実際にヘッカー（Siegfried S. Hecker）元ロスアラモス研究所所長は北朝鮮領内の核関連施設での査察には最大で十五年もの月日を要すると推定した[9]。

もしも査察が法外な数に及ぶ人員、時間、労力、費用を要するとトランプが考えるのであれば、金正恩が開発・保有する核ミサイル戦力の一部の秘匿を目論む際、見て見ぬふりをする可能性がないわけではない。言葉を変えると、北朝鮮の最小限の核抑止力の保持をトランプが黙認するという可能性がありうる。そうした可能性は二〇一七年夏にゲーツ（Robert Gates）元国防長官などが提起した北朝鮮が保有する核兵器の限定容認といった議論にも通じる[10]。ゲーツは十発から二十発程度の核兵器の保有を認めてもよいのではないかと問題を提起した。

しかし「完全な非核化」に金正恩が合意した米朝首脳会談から数ヵ月が経っても非核化が遅々として進んでいないことを踏まえると、開発・保有する一部の核の放棄どころか核の放棄に応じる意思など金正恩にさらさらないのではないかと案じられる状況が生まれている。金正恩の合意したはずの「完全な非核化」が全くのまやかしであるとすれば、これは到底看過できることではない。これに対しどのように対処しなければならないのか真剣に検討する必要があろう。

（5）現実の脅威とわが国の安全保障

こうした憂うべき展望を念頭に置き、わが国は北朝鮮の核ミサイルの脅威に対処すべく周到な準備を重ねる必要があろう。どこかの地下核・ミサイル関連施設でわが国を射程に捉えた核弾頭搭載中距離ミサイルの開発が続いているであろう。したがって喫緊の課題は北朝鮮の核ミサイルによる脅威に対しミサイル防衛を強化並びに改善すると共に「敵基地攻撃能力」の検討を急ぐ必要があることに加え、日米連携や日米韓の連携に抜かりがあってはならない。

いずれ核ミサイルを手にした金正恩体制との共存が果たして可能であろうか真剣に問われる時が来るであろう。それでは、どのようにして共存できるのか。もしできないとすれば、どのように対処すべきか考えなくてはならない。

あとがき

二〇一七年の終りには米朝開戦前夜を連想させるほど緊張が高まっていた朝鮮半島での緊張が緩和したことは事実である一方、わが国に向けられた北朝鮮による核の脅威が低減しているわけではない。ややもすれば度重なる首脳会談に目を取られ、朝鮮半島情勢の緊張緩和に目が向き易いが、北朝鮮による核の脅威の水準はむしろ上がっている。二〇一八年六月の米朝首脳会談後も北朝鮮による核・ミサイル開発が間断なく続行していることを踏まえると、遠からず核ミサイルは完成するとみる必要があろう。そうした事態を念頭にわが国の安全保障を真剣に熟慮しなければならない。あとがきでは同年九月以降の推移を論じ、今後を展望してみたい。

二〇一八年九月中旬に開催された第三回南北首脳会談において採択された「平壌共同宣言」は金正恩が目論む非核化の骨子を世界に周知させることになった[1]。非核化についての同宣言の記述によると、「北側は米国が6・12朝米共同声明の精神に従って相応措置を取れば、寧辺核施設の永久的な廃棄のような追加措置を引き続き講じていく用意があることを表明した」とあった。[2]

九月二〇日に金正恩が文在演を前にして「はやく非核化を行い、経済に集中したい」と述べたというがその意味するところは、非核化の具体措置として応じることができるのは寧辺核施設の廃棄であると金正恩が考えていると受け取れる。[3] もしそうであるとすれば、寧辺核施設以外に廃棄対象はないとも解釈できよう。あるいはトランプがさらに相応の見返りを与えるならば、他の核関連施設の廃棄にも応じるとも解釈できないわけではない。

六月一二日の米朝首脳会談で採択された「共同声明」において「完全な非核化」を金正恩が約束したはずであるが、それから約三ヵ月後に採択された「平壌共同宣言」の中身が寧辺核施設の廃棄であったとすれば、「完全な非核化」とは程遠い内容であり、はなはだ不十分であると言わざるを得ない。こうしたからくりを金正恩が目論み、これに文在演が理解を示したことを物語る。いずれにしても、同宣言を通じ総ての核関連活動の全容を盛り込んだ申告の提出と、申告→査察→廃棄→検証という手順を盛り込んだ工程表の提出に応ずるつもりはないとの金正恩の意思が確認されたと言えよう。

こうした中で一〇月七日に行われた金正恩とポンペオ国務長官の会談を通じ極めて重大なことが明らかとなった。米国が提供すべき「相応措置」とは朝鮮戦争の終戦宣言だけにとどまらずなんと経済制裁の解除であると金正恩は断言したのである。その上でトランプが求めてきた申告の提出に対し、「信頼関係が構築されていない状態でリストを提出しても、米国が信用できないと言うだろう。再申告を求めかねない。そうなれば争いになる」と釈然としない事由を根拠に、金正恩は提出を拒否した。(4)

こうした流れから金正恩の目論む意図や狙いがみえてくる。できるならば可能な限り多くの見返りを金正恩はトランプから頂きたいが、トランプの要求する「完全な非核化」に応じるつもりは金正恩に毛頭ない。もしもそうであるならば、米国から特段の見返りは期待できないことを金正恩は理解しているのではないか。金正恩にとってむしろ喫緊の課題は北朝鮮との貿易において圧倒的な比率を占める中国が安保理事会決議に基づく経済制裁の解除に応じることであり、それにロシアが続き、さらに開城工業団地の閉鎖などの独自制裁の解除に韓国が応じることを現実的かつ当面の目標と金正恩が捉えている節がある。

他方、同会談でポンペオも黙っていたわけではない。朝鮮戦争の終戦宣言には寧辺核施設の廃棄だけでは不十分であるとし、すべての大量破壊兵器の廃棄、核弾頭、ＩＣＢＭ、移動式発射台の廃棄や国外搬出を行うことが終戦宣言に応じる条件であると、ポンペオは言い返したのである。(5) こうしたことから非核化を巡り米朝関係は予断を許さない状況にあることが示される格好になった。

この間、対北朝鮮経済制裁を巡り関係諸国では激しい綱引きが繰り広げられている。中国やロシアは安保理事会決議に基づく経済制裁の実施の緩和を求めている。こうした中で康京和（カン・ギョンファ）韓国外相が独自制裁の解除をほのめかしたところ、「韓国は米国の承認なく制裁を解除しないだろう」とトランプは独自制裁の解除に待ったをかけた次第である。[6] そうすると、文在演はフランスやイギリスなど安保理事会の常任理事国の首脳達に対し北朝鮮に対する国連経済制裁の解除を訴えた。[7] その背景には中国やロシアに加えフランスやイギリスなど他の常任理事国からの内諾が得られれば、安保理事会決議に基づく経済制裁を形骸化できるとの読みが文在演にあるのであろう。

文在演政権に警鐘を鳴らしているトランプ政権ではあるが、トランプ政権の姿勢にも曖昧かつ不透明なところが散見される。確かに、トランプ政権は非核化の完遂まで経済制裁を解除することはないと事ある度に明言しているとは言え、トランプは遠くない将来の第二回米朝首脳会談の開催に前のめりとなっている感がある。非核化の履行を巡り米朝間でこれだけ齟齬があるにもかかわらず、第二回首脳会談においてトランプは金正恩と何を討議するのか。あくまで申告と工程表の提出の要求にトランプは拘るであろうか。それとも金正恩の意向を尊重するかのように、寧辺核施設の廃棄と引き換えに相応の見返りをトランプは与えるであろうか。それをもって金正恩と手打ちをすることはないであろうが、首脳会談の開催に前のめりとなっているトランプの姿勢にも不透明なところがある。

この間、文在演は形振り構わず金正恩を擁護し代弁している感がある。文在演は金正恩の言わんとする非核化が半ばまやかしであることを知りながら、金正恩に理解を示しているのではなかろうか。その背景には金正恩と真っ向から対峙することは朝鮮半島での軍事衝突を覚悟しなければならないとの認識が文在演にあろう。そうであるとすれば、非核化を事ある度に吹聴する金正恩の言葉を真摯に信じているかのように文在演は振舞い、金正恩を盛り立てるのが当面は得策であると考えているのかもしれない。しかしトランプとしてはこれ以上、文在演が金正恩になびくことをよしとしない。

この間、文在演は金正恩の片棒を担いでいると受け取られる発言を繰り返している。「金委員長は若い年齢にもかかわらず、非常に率直で冷静な面があり、年長者を尊重して配慮する礼儀正しい姿を見せた」と文在演は高く評価した。(8) また幾つかの点を挙げ、金正恩による非核化は真正であると文在演は力説した。文在演が指摘した根拠なるものは、一．金正恩が「経済建設に総力を集中する路線」に政策転換を行った。二．相次ぐ首脳会談において金正恩は非核化を世界に向けて公約した。三．核実験場とミサイル・エンジン実験場を廃棄した。四．第三回南北首脳会談で金正恩が核兵器のない朝鮮半島を公式化した。五．非核化を遵守しない場合に想定される米国による報復に北朝鮮は耐えることはできないなどである。(9) さらに「北朝鮮は制裁の影響で経済的困難に直面していて、追加の制裁に対応できない」(10)と、経済制裁の追加措置によって北朝鮮の体制が瓦解しかねないような意味合いのことを文在演は示唆した。

とは言え、その一つ一つが本当であろうか疑問が湧かざるをえない。金正恩が「礼儀正しい」人物であるかどうかは別にして、二〇一一年一二月に権力を継承して以降、非道かつ残忍極まる手段でどれほど多くの指導者達を粛清してきたであろうか。金正恩は叔父であった張成沢の粛清や実兄の金正男の殺害を命じた人物である。また非核化が真正であるとしてその根拠なるものを文在演が列挙したとしても、これらの根拠なるもののいずれをとっても確たる事実に基づくものではなく文在演の希望的観測に過ぎないようにしか映らない。金正恩が核関連活動の全容を盛り込んだ申告と工程表を提出すれば済む話であり、これらの提出がない限り非核化に向けての道筋は開けないといわざるをえない。さらに経済制裁の追加措置によって北朝鮮の体制が瓦解しかねないというのであれば、その確たる証拠は何なのか明らかにする必要が文在演にあろう。

日々伝えられる文在演の言動を耳にすれば、文在演はもはや金正恩の代弁者となった感がしないわけではない。習近平が安保理事会決議に基づく対北朝鮮経済制裁の解除に向けて動き、プーチンが続こうとしている中で、文在演が独自制裁の解除を決断するような事態ともなれば、対北朝鮮経済制裁網はいよいよ綻ぶであろう。その意味で、対北朝鮮経済制裁はまさしく正念場を迎えようとしている。

今後、トランプは文在演を自らの陣営に引きとどめるために尽力するであろうが、文在演がこれ以上金正恩への擦り寄りを続けるようだと、文在演への姿勢を再検討せざるをえない局面にトランプが迫られる可能性がある。言葉を変えると、越えてはならない一線を文在演が越えようとしているとトランプの目に映っているのではなかろうか。

文在演が独自制裁の解除、北朝鮮への大規模な経済支援、朝鮮戦争の終戦宣言に向けて動こうとすれば、文在演とトランプの対立は決定的となる可能性がないわけではない。そうなれば、対北朝鮮経済制裁網が綻ぶだけでなく米韓同盟さえも空洞化を避けられなくなる可能性がある。すなわち、もしそうした文在演に見切りをつけ在韓米軍の撤収をトランプが真剣に検討するようなことがあれば、韓国の安全保障は根底から揺らぎかねない。韓国の安全保障の根幹は国軍である韓国軍だけでなく在韓米軍の駐留と米韓連合軍の連携に基づく米韓同盟に基礎を置いている。この根幹が揺らぐような事態があれば、どのようにして韓国は自国の安全保障を確保するのかという問題を文在演は真剣に考えているであろうか。

北朝鮮の非核化が完遂する一方、経済制裁が解除され、中国や韓国による莫大な経済支援により北朝鮮経済が再生に向かい、北朝鮮が市場経済の導入と大規模な外資の導入を通じ通常の国家になると、文在演が考えているとすれば、それは幻想でしかない。金正恩が核を放棄することはないし、市場経済の本格導入を決断することもない。こうした現実に反し、文在演の行っていることは眼前の利益確保を最優先し、長期的な展望を見据えた国家の安全保障を毀損しかねないのである。そうなれば、北朝鮮核・ミサイル危機は朝・中・露・韓と米・日の対立構造に推移しかねない危険性があることに留意しなければならない。それこそ金正恩が目論む狙いではなかろうか。

こうした中で鍵を握るのはわが国である。中国やロシアに続いて韓国といった関係諸国がなし崩し的に経済制裁の緩和や解除に向けて動きかねない中で、わが国は非核化の完遂まで経済制裁の手綱を緩めるべきではないとする路線を堅持すると共に、トランプ政権に制裁の継続に向けて働きかねなければならないのである。

最後に、多くの方からご指導を頂いてきた。この場をお借りして、厚く謝意を表したい。本書は『北朝鮮危機の歴史的構造 1945 - 2000』、『北朝鮮「終りの始まり」2001 - 2015』、『米朝開戦：金正恩・破局への道』に続く北朝鮮危機に関する四冊目の著作である。いずれも論創社から刊行させて頂いた。本書の刊行にあたっても、論創社社長の森下紀夫様から格別のご理解と支援を頂いた。改めて感謝したい所存である。

二〇一八年十一月

斎藤 直樹

(10) ゲーツの問題提起について、“Let North Korea Keep some Nukes? Robert Gates Lays out a Vision for a Solution,” *Hankyoreh*, (July 12, 2017.)

あとがき

(1) この点について、斎藤直樹「金正恩になびく文在演とトランプの警鐘(1、2)」『百家争鳴』(2018年10月24、25日)。

(2)「平壌共同宣言」について、「9月平壌共同宣言」『朝鮮新報』(2018年9月20日)。

(3) 金正恩の発言について、「〈南北会談〉「金委員長、非核化を早く終わらせて経済に集中したいと述べた」」『中央日報』(2018年9月21日)。

(4) この点について、「正恩氏「まずは信頼関係」…核リスト申告を拒否」『読売新聞』(2018年10月15日)。

(5) ポンペオの主張について、同上。

(6) トランプの発言について、「トランプ大統領が異例の発言「韓国は米国の承認なく制裁解除しない」」『朝鮮日報』(2018年10月12日)。

(7) この点について、「次は英国を説得…文大統領、米国避けて対北制裁緩和を促進？」『読売新聞』(2018年10月16日)。「英・独首相に会った文大統領「対北制裁緩和の役割を」」『中央日報』(2018年10月20日)。

(8) 文在演の発言について、「文大統領、仏メディアインタビュー…「北のすべての核施設、現存核兵器の廃棄が非核化」」『中央日報』(2018年10月15日)。

(9) この点について、同上。

(10) 文在演の発言について、「文大統領「北朝鮮は追加制裁に対応できない」仏紙」ANN NEWS(2018年10月16日)。

れに対し、「武力攻撃予測事態」とは、「武力攻撃事態には至っていないが、事態が緊迫し、武力攻撃が予測されるに至った事態をいう。」この点について、「武力攻撃事態等における我が国の平和と独立並びに国及び国民の安全の確保に関する法律（武力攻撃事態対処法）」。

（93）石破長官の答弁について、前掲「防衛庁長官·石破茂、民主党·末松義規、衆議院、予算委員会」。

結論――非核化というまやかし

（1）この点について、斎藤直樹「金正恩による完全な非核化の意思表明への疑義（1、2）」『百家争鳴』（2018年6月26、27日）。

（2）この発言について、「北朝鮮高位幹部「命同然の核を放棄するはずがない」　板門店宣言に懐疑的」『中央日報』（2018年5月7日）。

（3）この発言について、同上。

（4）この点について、「元駐英北朝鮮公使の太永浩氏「北の完全な核放棄の可能性はない」」『中央日報』（2018年5月14日）。

（5）こうした推定について、“Verifying the End of a Nuclear North Korea ‘could Make Iran Look Easy’,” *New York Times*, (May 6, 2018.)

（6）核関連施設でのサンプル採取の拒否について、斎藤直樹『北朝鮮危機の歴史的構造 1945 - 2000』（論創社・2013年）328頁。

（7）サンプル採取の拒否について、斎藤直樹『北朝鮮「終りの始まり」2001 - 2015』（論創社・2016年）346頁。

（8）この点について、“Third Plenary Meeting of Seventh C.C., WPK Held in Presence of Kim Jong Un,” *KCNA*, (April 21, 2018.)「青瓦台、北の核実験場廃棄発表に「歓迎する」」『中央日報』（2018年4月21日）。「朝鮮　核実験場廃棄・ICBM発射中止＝経済建設に総力」『聯合ニュース』（2018年4月21日）。

（9）ヘッカーによる推定について、“North Korea Nuclear Disarmament could Take 15 Years, Expert Warns,” *New York Times*, (May 28, 2018.)

ton: Major Takeaways," *Diplomat*, (October 17, 2015.)

(86)「韓国型ミサイル防衛」について、"South Korea Goes Indigenous for Its Missile Defense Needs," *Diplomat*, (November 7, 2015); and Karen Montague, "A Review of South Korean Missile Defense Programs," The Marshall Institute-Science for Better Public Policy, (March 2014.)「北朝鮮の核ミサイル防衛網を急いで構築しなくては」『中央日報』(2013年2月17日)。前掲「北の挑発原点を先制打撃するキルチェーン・KAMD構築、2年早まる」。前掲「【社説】自滅を催促する北朝鮮の5回目の核実験」。

(87)「大量反撃報復」について、前掲「【社説】自滅を催促する北朝鮮の5回目の核実験」。「韓国軍、「大量反撃報復」概念を電撃公開…実際の効果には疑問」『ハンギョレ新聞社』(2016年9月11日)。

(88) 安倍首相の答弁について、「安倍晋三首相、自衛隊の敵基地攻撃能力整備「検討行うべき」日米首脳会談は「最終調整中」」『産経ニュース』(2017年1月26日)。

(89) 自衛権行使の構成要件について、『(平成17年版) 日本の防衛(防衛白書)』(防衛庁・2005年) 79頁。

(90) 専守防衛について、同上81頁。

(91)「敵基地攻撃能力」についての防衛庁の考えによれば、「……わが国に対してミサイル攻撃が行われた場合には、日米安保体制の枠組みに基づく日米共同対処ということが考慮されるべきであり、「日米防衛協力のための指針」においても、『自衛隊及び米軍は、弾道ミサイル攻撃に対応するために密接に協力し調整する。米軍は、日本に対し必要な情報を提供するとともに、必要に応じ、打撃力を有する部隊の使用を考慮する。』とされています。」この点について、『(平成16年版) 日本の防衛(防衛白書)』(防衛庁・2004年) 97頁。

(92) そうした事態とは、二〇〇三年六月に成立した、いわゆる武力攻撃事態対処法における「武力攻撃事態」に該当すると考えられる。「武力攻撃事態」とは、「武力攻撃が発生した事態又は武力攻撃が発生する明白な危険が切迫していると認められるに至った事態をいう。」こ年5月20日)。

(78) 額賀長官の発言について、「敵基地攻撃能力の保持、額賀防衛長官「議論すべきだ」」『読売新聞』(2006年7月10日)。"In Japan, Tough Talk about Preemptive Capability: China, Russia 'Deplore' N. Korean Missile Tests," *Washington Post*, (July 11, 2006.)

(79) 盧武鉉による懸念表明について、「敵基地攻撃能力の保有論、韓国大統領が日本に警戒感」『読売新聞』(2006年7月11日)。"South Korea Condemns Japan's Call for Attack on the North," *New York Times*, (July 11, 2006.)

(80) この点について、「敵基地攻撃論「先制攻撃ではない」、安倍氏が強調」『読売新聞』(2006年7月12日)。

(81) この点について、「敵基地攻撃論は重大な憲法違反、山崎拓氏が批判」『読売新聞』(2006年7月12日)。

(82) チェイニーの発言について、"Cheney Plays Down N. Korea Strike Calls," *CNN*, (June 23, 2006.)

(83) この点について、"Ex-US JCS Chief Mentions Preemptive Strike on N. Korea for Self-Defense," *KBS World*, (September 17, 2016.)

(84)「作戦計画5015("OPLAN5015")」の概要について、"OPLAN 5015," Global Security. org.「攻撃型「作計」に変更した韓米、北朝鮮が南侵すれば同時先制打撃」『中央日報』(2015年8月27日)。

(85)「キルチェーン」について、「韓米、北ミサイル迎撃「キルチェーン」構築へ」『中央日報』(2012年10月25日)。「北核探知-分析-決心-打撃…注目される韓国軍の"kill chain"」『中央日報』(2013年2月19日)。「韓国、北核攻撃の兆候あれば30分以内に先制打撃」『中央日報』(2013年4月2日)。「北の挑発原点を先制打撃するキルチェーン・KAMD構築、2年早まる」『中央日報』(2016年10月6日)。「【社説】自滅を催促する北朝鮮の5回目の核実験」『中央日報』(2016年9月10日)。"South Korea's "Kill Chain" for North Korea," *Korea Times* (August 14, 2016.) ; and "Park Geun-hye's Visit to Washing-

（66）SM-3の迎撃実験について、「無法　北朝鮮の弾道ミサイル、打ち落とせるのか！…「SM-3」迎撃ミサイルの命中率」『産経ニュース』(2016年3月1日)。

（67）PAC-3の迎撃実験について、同上。

（68）この点について、「自衛隊も反対したPAC3導入（絶対数が足りない)」(2017年4月7日)。

（69）この点について、同上。

（70）対抗措置について、斎藤直樹『戦略防衛構想－ミサイル 防衛論争を振り返って』（慶応通信・1992年）147 - 148頁。

（71）この点について、『（平成30年版）　日本の防衛（防衛白書)』(防衛省・2018年）324 - 325頁。

（72）この点について、同上325頁。

（73）この点について、「防衛大臣記者会見概要」防衛省・自衛隊（2017年12月19日)。前掲書『（平成30年版）　日本の防衛（防衛白書)』325 - 326頁。

（74）抑止を強化することにつながるとみる見解について、「提言・新しい日本の防衛政策—安全・安心な日本を目指して—」自民党・政務調査会・国防部会・防衛政策検討小委員会（2004年3月30日)。

（75）「敵基地攻撃能力」について、斎藤直樹「「敵基地攻撃」検討の必要性（1、2)」『百家争鳴』(2018年2月7、8日)。斎藤直樹「北朝鮮危機と「敵基地攻撃」についての一考察」『人文科学』第23号（2008年3月）127 - 150頁。

（76）船田長官による発言について、「防衛庁長官・船田中、24回衆議院、内閣委員会」(1956年2月29日)。

（77）例えば、二〇〇三年一月二四日の衆議院・予算委員会において、石破・防衛庁長官は末松・民主党議員による質疑に対し同様の答弁を行っている。「防衛庁長官・石破茂、民主党・末松義規、衆議院、予算委員会」(2003年1月24日)。また二〇〇三年五月二〇日の156回参議院、武力事態特別委員会において、小泉首相も同様の発言を行っている。「小泉純一郎首相、156回参議院、武力事態特別委員会」(2003

衛白書)』(防衛庁・2006年) 130頁。
(57) 初期配備を決定した閣議決定での政府説明について、「弾道ミサイル防衛システムの整備等について」(平成15年12月19日・安全保障会議決定・閣議決定)。
(58) 核保有宣言を伝える『朝鮮中央通信』報道について、"DPRK FM on Its Stand to Suspend Its Participation in Six-party Talks for Indefinite Period,"*KCNA*, (February 10, 2005.)
(59) 改正自衛隊法案についての閣議決定について、「ミサイル防衛/文民統制に抜かりないか」『神戸新聞』(2005年2月16日)。
(60) 改正自衛隊法の成立について、「〈ミサイル防衛〉改正自衛隊法が成立」『毎日新聞』(2005年7月22日)。「「MD法」が成立」『産経新聞』(2005年7月22日)。
(61) 二〇〇六年七月五日のミサイル発射実験について、"U.S. Officials: North Korea Tests Long-range Missile,"*CNN*, (July 5, 2006.) ; and"N. Korea Fires Long-Range Missile, Others,"*AP*, (July 4, 2006.) 『朝鮮中央通信』報道について、"DPRK Foreign Ministry Spokesman on Its Missile Launches,"*KCNA*, (July 6, 2006.)
(62) この点について、「ミサイル防衛PAC3、配備前倒し…来年中に4基体制」『読売新聞』(2006年7月8日)。
(63) 湾岸戦争でのPAC-2の迎撃能力に関する厳しい評価について、Derrick Z. Jackson,"Beware Military Hype on Technology," *Boston Globe*, (March 26, 2003) ; and Keay Davidson,"MIT Physicist Knocks Anti-missile System. Professor Keeps Blowing Whistle on Pentagon Pet,"*San Francisco Chronicle*, (March 3, 2003.)
(64) この点について、"US to Conduct Missile Defense Test off Hawaii," *AFP*, (June 21, 2006.) ; and "U.S. won't Necessarily Shoot Down North Korea Missile," *Reuters*, (June 22, 2006.)
(65) ブッシュの発言について、"Bush Says U.S. may Have been Able to Intercept North Korean Missile," *New York Times*, (July 8, 2006.)

日本、乏しい追加策」。

(45) この点について、前掲「【社説】超強力な国連の対北朝鮮制裁…中朝の密貿易から阻止を」。

(46) この点について、前掲「北朝鮮の輸出33%を遮断…原油封鎖は抜ける」。

(47) ノドンとみられる弾道ミサイルの発射実験について、「北朝鮮の弾道ミサイル発射事案について」首相官邸(2016年8月3日)。

(48)「破壊措置命令」の常時発令について、「北朝鮮ミサイル　破壊措置命令、常時発令へ」『毎日新聞』(2016年8月5日)。「自衛隊に破壊措置命令　北朝鮮ミサイル警戒　常時迎撃へ3カ月更新」『産経ニュース』(2016年8月8日)。

(49) ノドンとみられる弾道ミサイルの発射実験について、「北朝鮮の弾道ミサイル発射事案について」首相官邸(2016年9月5日)。

(50) スカッドERとみられる弾道ミサイルの発射実験について、「北朝鮮による弾道ミサイル発射事案について(1)(2)」首相官邸(2017年3月6日)。

(51) この点について、斎藤直樹「わが国のミサイル防衛の現状と課題を考える(1、2)」『百家争鳴』(2018年1月23、24日)。

(52) この点について、『(平成28年版)日本の防衛(防衛白書)』(防衛省・2016年)290 - 291頁。

(53) テポドン1号ミサイル発射実験について、"North Korean Missile Test Worries U.S., Japan,"*CNN*, (August 31, 1998.); and"N. Korea Fires Missile into Sea of Japan,"*CNN*, (August 31, 1998.)

(54) 日米技術協力に関する閣議決定について、『(平成17年版)日本の防衛(防衛白書)』(防衛庁・2005年)147頁。

(55) ブッシュ大統領による初期配備計画の発表について、"Bush Rolls out Missile Defense System: First Interceptors to be Deployed by 2004," *CNN*, (December 18, 2002.); and "Bush Vows to Build Missile Defenses," *Washington Times*, (December 18, 2002.)

(56) 米国の初期配備の概要について、『(平成18年版)日本の防衛(防

全会一致で採択…「石油輸出量制限」」。
(29) この点について、前掲「北制裁決議が採択…石油関連輸出、3割減と試算」。
(30) この点について、前掲「国連安保理の新たな北朝鮮制裁決議案、全会一致で採択…「石油輸出量制限」」。
(31) この点について、同上。
(32) この点について、同上。
(33) この点について、同上。
(34) 決議二三九七について、"FACT SHEET: UN Security Council Resolution 2397 on North Korea," United States Mission to the United Nations, (December 22, 2017.) ; and "UN Adopts Tough New Sanctions on North Korea," *CNN*, (December 24, 2017.)「安保理、全会一致で北朝鮮制裁新決議案を採択」『中央日報』(2017年12月23日)。
(35) この点について、前掲「安保理、全会一致で北朝鮮制裁新決議案を採択」。
(36) この点について、同上。
(37) この点について、同上。
(38) この点について、同上。
(39) この点について、同上。
(40) この点について、「【社説】国連安保理の対北朝鮮決議の成敗、中国にかかっている」『中央日報』(2016年12月2日)。
(41) 中国産出原油への北朝鮮の著しい依存の実態について、"Few Expect China to Punish North Korea for Latest Nuclear Test," *New York Times*, (September 11, 2016.) ; and Jayshree Bajoria, "The China-North Korea Relationship," CRF, (Updated: July 21, 2009.)
(42) こうした展望について、前掲書『北朝鮮「終りの始まり」2001-2015』486 - 487頁。
(43) この点について、前掲「2015年度　北朝鮮の経済に関する調査」126頁。
(44) この点について、前掲「[スキャナー] 北制裁　抜け穴多く

to the UN, (August 5, 2017.) ; and "UN Security Council Imposes New Sanctions on North Korea," *CNN*, (August 6, 2017.)「国連安保理、北朝鮮制裁決議 2371 号を全会一致で採択」『中央日報』(2017 年 8 月 6 日)。「【社説】超強力な国連の対北朝鮮制裁…中朝の密貿易から阻止を」『中央日報』(2017 年 8 月 7 日)。「北朝鮮の輸出 33% を遮断…原油封鎖は抜ける」『中央日報』(2017 年 8 月 7 日)。

(18) この点について、「米国の「貿易報復カード」が中国の制裁参加を引き出した」『中央日報』(2017 年 8 月 7 日)。

(19) この点について、同上。

(20) この点について、同上。

(21) この点について、同上。

(22) この点について、前掲「北朝鮮の輸出 33% を遮断…原油封鎖は抜ける」。

(23) この点について、前掲「国連安保理、北朝鮮制裁決議 2371 号を全会一致で採択」。前掲「北朝鮮の輸出 33% を遮断…原油封鎖は抜ける」。

(24) 四機関は朝鮮貿易銀行、万寿台 (マンスデ) 海外開発会社グループ、朝鮮民族保険総会社、高麗信用開発銀行などである。前掲「国連安保理、北朝鮮制裁決議 2371 号を全会一致で採択」。

(25) この点について、前掲「米国の「貿易報復カード」が中国の制裁参加を引き出した」。

(26) 第六回核実験を伝える『朝鮮中央通信』報道について、"DPRK Nuclear Weapons Institute on Successful Test of H-bomb for ICBM," *KCNA*, (September 3, 2017.)

(27) 決議二三七五について、United Nations S/RES/2375 (2017) Security Council, (September 12, 2017.)「国連安保理の新たな北朝鮮制裁決議案、全会一致で採択…「石油輸出量制限」」『中央日報』(2017 年 9 月 12 日)。「北制裁決議が採択…石油関連輸出、3 割減と試算」『読売新聞』(2017 年 9 月 12 日)。

(28) この点について、前掲「国連安保理の新たな北朝鮮制裁決議案、

2270（2016）Security Council,（March 2, 2016.）Resolution 2270（2016）Adopted by the Security Council at its 7638th Meeting, on 2 March 2016.; Security Council Imposes Fresh Sanctions on Democratic People's Republic of Korea, Unanimously Adopting Resolution 2270," Security Council,（March 2, 2016.）; and Arms Control Association, "UN Security Council Resolutions on North Korea: FACT SHEETS & BRIEFS,"（Updated: March 2016.）

（10）この点について、「2015年度　最近の北朝鮮経済に関する調査」日本貿易振興機構（ジェトロ）海外調査部、委託先：東アジア貿易研究会（2016年3月）128-130頁。

（11）この点について、「［スキャナー］北制裁　抜け穴多く　日本、乏しい追加策」『読売新聞』（2016年9月11日）。

（12）中国への金正恩指導部の不満表明について、"Nobody Can Block DPRK's Advance: Its NDC Spokesman," *KCNA*,（April 3, 2016.）

（13）この点について、朴斗鎮「北朝鮮の核除去で新たな対応を見せはじめた米国」コリア国際研究所（2016年10月5日）。

（14）第五回核実験を伝える『朝鮮中央通信』報道について、"DPRK Succeeds in Nuclear Warhead Explosion Test," *KCNA*,（September 9, 2016.）

（15）安保理事会決議二三二一について、United Nations S/RES/2321（2016）Security Council,（November 30, 2016.）; and Security Council Strengthens Sanctions on Democratic Republic of Korea, Unanimously Adopting Resolution 2321（2016), SC/12603,（November 30, 2016.）

（16）この点について、「【社説】国連安保理の対北朝鮮決議の成敗、中国にかかっている」『中央日報』（2016年12月2日）。

（17）決議二三七一について、United Nations S/RES/2371（2017）Security Council,（August 5, 2017.）; "FACT SHEET: Resolution 2371（2017）Strengthening Sanctions on North Korea," US Mission

（2）五件の決議について以下を参照。安保理事会決議一六九五について、United Nations S/RES/1695（2006）Security Council,（July 15, 2006.）斎藤直樹『北朝鮮「終りの始まり」2001-2015』（論創社・2016年）272 - 273頁。安保理事会決議一七一八について、United Nations S/RES/1718（2006）Security Council,（October 14, 2006.）前掲書『北朝鮮「終りの始まり」2001-2015』287 - 293頁。安保理事会決議一八七四の採択について、United Nations S/RES/1874（2009）（June 12, 2009.）前掲書『北朝鮮「終りの始まり」2001-2015』366 - 368頁。安保理事会決議二〇八七の採択について、United Nations S/RES/2087（2013）（January 22, 2013.）前掲書『北朝鮮「終りの始まり」2001-2015』420頁。安保理事会決議二〇九四の採択について、United Nations S/RES/2094（2013）（March 7, 2013.）前掲書『北朝鮮「終りの始まり」2001-2015』422 - 423頁。

（3）同報告書について、United Nations S/2016/157, Security Council,（February 24, 2016.）

（4）第四回核実験に関する『朝鮮中央通信』報道について、"DPRK Proves Successful in H-bomb Test," *KCNA*,（January 6, 2016.）

（5）難民の流入の可能性について、"3 million NK Refugees Expected in Crisis: BOK," *Korea Times*,（January 26, 2007.）

（6）長距離弾道ミサイル発射実験に関する『朝鮮中央通信』報道について、"DPRK National Aerospace Development Administration Releases Report on Satellite Launch," *KCNA*,（February 7, 2016.）

（7）開城工業団地の操業停止について、「〈開城工団全面中断〉韓国統一部長官「これからすべての事態は北朝鮮の責任」」『中央日報』(2016年2月12日)。「金正恩の急所をついた朴槿恵」『中央日報』(2016年2月12日)。

（8）この点について、"CPRK Warns S. Korean Authorities of Most Serious Consequences of Total Suspension of Operation in KIZ," *KCNA*,（February 11, 2016.）

（9）安保理事会決議二二七〇について、United Nations S/RES/

なく南北関係だけ先行」」『中央日報』(2018年9月20日)。

(131) この点について、Siegfried S. Hecker, "What to Make of North Korea's Latest Nuclear Test?" 38 North, (September 12, 2016.)

(132) この点について、*Ibid.*

(133) ポンペオの注文について、「北朝鮮「寧辺核施設を廃棄」…米国「すべての施設を査察」」『中央日報』(2018年9月21日)。

(134) この点について、「【社説】文大統領の創造的非核化提案を期待する」『中央日報』(2018年9月17日)。「「トランプ氏の任期内に初めて非核化」…米大統領補佐官が明かした「1年内」より伸びた(2)」『中央日報』(2018年9月7日)。

(135) こうした推定について、"Verifying the End of a Nuclear North Korea 'could Make Iran Look Easy'," *New York Times*, (May 6, 2018.)

(136) この点について、「〈南北会談〉金委員長「米国が相応の措置なら寧辺核廃棄」」『中央日報』(2018年9月20日)。

(137) 文在演の発言について、「文大統領「北朝鮮、未来核すでに廃棄…現在核は米国に相応措置要求」」『中央日報』(2018年9月14日)。

(138) この点について、「握手と合意は厳格に違う…金正恩に変化はあまりない」 米専門家が評価(2)」『中央日報』(2018年9月7日)。

(139) 韓国外相の言及について、「米国務長官「2回目の米朝首脳会談に向け作業中…まだやることある」」『中央日報』(2018年9月22日)。

(140) 金正恩の発言について、「〈南北会談〉「金委員長、非核化を早く終わらせて経済に集中したいと述べた」」『中央日報』(2018年9月21日)。

第Ⅲ章　問われるわが国の安全保障

(1) この点について、斎藤直樹「対北朝鮮経済制裁の現状と課題(1、2)」『百家争鳴』(2018年1月31、2月1日)。斎藤直樹「北朝鮮に対する国連による経済制裁についての一考察」『人文科学』第32号(2017年3月)79 - 92頁。

Fuel, NBC Reports," *Bloomberg*, (June 30, 2018.) ; and "North Korea Keeps Enriching Uranium," *Wall Street Journal*, (July 1, 2018.)

(118) ミサイル製造施設の拡張について、"North Korea Expands Key Missile-Manufacturing Plant," *Wall Street Journal*, (July 1, 2018.)

(119) トランプの発言について、"Trump Says Kim 'Sees Different Future' for North Korea," *Reuters*, (July 6, 2018.)

(120) ポンペオの訪朝について、"North Korea Criticizes 'Gangster-Like' U.S. Attitude after Talks with Mike Pompeo," *New York Times*, (July 7, 2018.) ; "North Korea Blasts 'Regrettable' US Attitude and 'Gangster-like' Demands after Talks with Mike Pompeo," *ABC News*, (July 7, 2018.) ; and "Pompeo Seeks North Korea Breakthrough as Talks Enter Second Day," *Bloomberg*, (July 7, 2018.)

(121)『朝鮮中央通信』報道について、"FM Spokesman on DPRK-U.S. High-level Talks," *KCNA*, (July 7, 2018.)

(122) この点について、前掲書『北朝鮮危機の歴史的構造 1945 - 2000』382 - 388 頁。

(123) トランプの発言について、"The 11 Most Dangerous Things Donald Trump Said in His Montana Speech," *CNN*, (July 6, 2018.)

(124) 新路線について、*op. cit.*, "Third Plenary Meeting of Seventh C.C., WPK Held in Presence of Kim Jong Un."

(125) この点について、斎藤直樹「詭弁と危うさに彩られた「平壌共同宣言」(1、2)」『百家争鳴』(2018 年 10 月 1、2 日)。

(126)「平壌共同宣言」について、「9 月平壌共同宣言」『朝鮮新報』(2018 年 9 月 20 日)。

(127)　同上。

(128)　同上。

(129) トランプの発言について、"North Korea's Kim Jong-un Agrees to Shut Missile Site," *BBC*, (September 19, 2018.)

(130) この点について、「〈南北会談〉 米専門家「非核化は大きな進展

6, 2018.)

(103) 金正恩が「完全な非核化」に合意した米朝首脳会談での「共同声明」について、“Full Text of Trump-Kim Signed Statement,” *CNN*, (June 12, 2018.)

(104) この点について、斎藤直樹「政治ショーと化した米朝首脳会談と今後（1、2）」『百家争鳴』(2018年6月19、20日)。

(105) ポンペオの発言について、“Secretary of State Pompeo Briefing,” *C-span*, (June 7, 2018.)

(106)「共同声明」について、*op. cit.*, “Full Text of Trump-Kim Signed Statement.”

(107)『朝鮮中央通信』報道について、“Historic First DPRK-U.S. Summit Meeting and Talks,” *KCNA*, (June 13, 2018.)

(108)「共同声明」について、*op. cit.*, “Full Text of Trump-Kim Signed Statement.”

(109) 記者会見について、“Press Conference by President Trump,” Press Briefings, White House, (June 12, 2018.)

(110) 記者会見について、*Ibid.*

(111) 記者会見について、*Ibid.*

(112) 記者会見について、*Ibid.*

(113) 記者会見について、*Ibid.*

(114) この点について、斎藤直樹「金正恩による非核化がまやかしで終わる危険性（1、2）」『百家争鳴』(2018年7月18、19日)。

(115) ポンペオの非核化期限の撤廃について、“Exclusive: Pompeo Says no Timeline on North Korea Negotiations,” *CNN*, (June 25, 2018.)

(116) この点について、「正恩氏「早期制裁解除を」」『読売新聞』(2018年7月1日)。

(117) 核燃料の増産について、“U.S. Intelligence Believes North Korea Making more Nuclear Bomb Fuel despite Talks: NBC,” *Reuters*, (June 30, 2018.)；“North Korea Steps up Production of Uranium

(90) 金桂冠の談話について、“Press Statement by First Vice-Minister of Foreign Affairs of DPRK,” *KCNA*, (May 16, 2018.) ; and “North Korea Threatens to Cancel Trump Summit,” *BBC News*, (May 16, 2018.)

(91) この点について、“North Korea Summit: Trump Says Deal with US will Save Kim Jong-un,” *BBC News*, (May 18, 2018.)

(92) この点について、「トランプ氏「正恩氏を保護する…リビアモデル適用しない」」『中央日報』(2018年5月18日)。

(93) この点について、「トランプ氏、金桂冠氏威嚇の時に怒り…崔善姫氏のペンス氏侮辱に爆発（1）」『中央日報』(2018年5月25日)。

(94) ペンスの言及について、“Pence: ‘No Question’ Trump Still Willing to ‘Walk Away’ If North Korea Summit Goes South,” *Fox News*, (May 21, 2018.)

(95) 崔善姫の談話について、“Press Statement by Vice-Minister of Foreign Affairs of DPRK,” *KCNA*, (May 24, 2018.)

(96) この点について、斎藤直樹「米朝首脳会談に向けた仕切り直しと不確実な先行き（1、2)」『百家争鳴』(2018年5月29、30日)。

(97) トランプの書簡について、“Trump's Letter to Kim Canceling North Korea Summit Meeting, Annotated,” *New York Times*, (May 24, 2018.)

(98) この点について、前掲「トランプ氏、金桂冠氏威嚇の時に怒り…崔善姫氏のペンス氏侮辱に爆発（1）」。

(99) 金桂冠の談話について、“Statement of DPRK First Vice-Minister of Foreign Affairs,” *KCNA*, (May 25, 2018.)

(100) 文在演の発言について、「〈南北首脳会談〉文大統領「北の非核化意志は確実」…CVIDには確答せず」『中央日報』(2018年5月28日)。

(101) この点について、斎藤直樹「米朝首脳会談の決断と非核化という難題（1、2)」『百家争鳴』(2018年6月7、8日)。

(102) こうした推定について、“Verifying the End of a Nuclear North Korea ‘could Make Iran Look Easy’,” *New York Times*, (May

半島非核化のハンドル」は誰が握る？」『中央日報』(2018年3月29日)。

(76) この点について、「金正恩氏「非核化は先代の遺訓」労働新聞「核保有政党」」『中央日報』(2018年3月8日)。

(77) 同合意について、前掲書『北朝鮮危機の歴史的構造1945 - 2000』287頁。

(78) 戦術核撤去宣言について、同上281頁、285頁。

(79)「核不在宣言」について、同上286頁。

(80) この点について、「北朝鮮研究室「【資料】核開発を否定・欺瞞した金日成・金正日語録」『コリア国際研究所』(2008年2月5日)。

(81)「拡大抑止」について、『米朝開戦：金正恩・破局への道』(論創社・2018年) 136 - 137頁。

(82) この点について、「「米国が約束守るとは信じられない」という正恩氏をなだめて習氏がした話は」『中央日報』(2018年5月14日)。

(83) この点について、「習近平主席「朝米会談の結果が良くなくても支援」…金正恩委員長に約束」『中央日報』(2018年5月18日)。

(84) この点について、「米朝　駆引き激化　首脳会談中止」『読売新聞』(2018年5月26日)。

(85) トランプの書き込みについて、"Trump-Kim Jong-un Summit Set for Singapore on 12 June," *BBC News*, (May 10, 2018.)

(86) この点について、斎藤直樹「米朝首脳会談に向けた綱引きと不透明な見通し (1、2)」『百家争鳴』(2018年5月23、24日)。

(87) この点について、"North Korea Summit: US hopeful Trump-Kim Meet will Go ahead," *BBC News*, (May 16, 2018.)

(88) ボルトンの発言について、"'This Week' Transcript 5-13-18: President Trump's National Security Adviser John Bolton," *ABC NEWS*, (May 13, 2018.)

(89)『朝鮮中央通信』報道について、"KCNA Blasts U.S. and S. Korea for Staging Large-scale Military Drill against DPRK," *KCNA*, (May 16, 2018.) ; and "N Korea Cancels Talks with South Korea and Warns US," *BBC News*, (May 15, 2018.)

(64) この点について、"Third Plenary Meeting of Seventh C.C., WPK Held in Presence of Kim Jong Un," *KCNA*, (April 21, 2018.)

(65) この点について、*Ibid.*

(66) この点について、*Ibid.*

(67)「四つの譲歩」について、*op. cit.*, "Mike Pompeo on potential Trump-Kim Jong Un summit; Sen. Elizabeth Warren on North Korea, Trump's Tariffs."

(68) 爆発威力の推量について、「北核実験威力、広島の10倍超…160キロトン」『読売新聞』(2017年9月6日)。「北朝鮮核実験 規模「160キロトン」…防衛相が上方修正」『毎日新聞』(2017年9月6日)。

(69) この点について、*op. cit.*, "Mattis Says North Korea isn't Capable of Striking the US."; and *op. cit.*, "Mattis says North Korean ICBM not yet a 'Capable Threat' against U.S."

(70) こうした推察について、Michael Elleman, "North Korea's Third ICBM Launch," 38th North, (November 29, 2017.)

(71) この点について、「〈南北首脳会談〉「核実験・ICBM発射中断」…金正恩式非核化の最初のボタン」『中央日報』(2018年4月23日)。

(72) この点について、"Trump will Tell Kim Jong Un That Dismantling Nuclear Arsenal Must Precede Economic Benefits," *Wall Street Journal*, (April 22, 2018.) ; and "Trump to North Korea: Nuclear Dismantlement must Happen before Sanctions Lifted," *Wall Street Journal*, (April 23, 2018.)「トランプ、金正恩にビッグバン方式の非核化提案する」『中央日報』(2018年4月24日)。

(73) この点について、斎藤直樹「政治的演出に終わった南北首脳会談(1、2)」『百家争鳴』(2018年5月9、10日)。

(74)「板門店宣言」について、「朝鮮半島の平和と繁栄、統一のための板門店宣言」『The Korean Politics(コリアン・ポリティクス)』(2018年4月27日)。「朝鮮半島の平和と繁栄、統一に向けた板門店宣言全文」『聯合ニュース』(2018年4月27日)。

(75) この点について、「韓経:中国を引き込んだ金正恩委員長…「韓

10, 2005.）; and "North Koreans Say They Hold Nuclear Arms," *New York Times*, (February 11, 2005.) 前掲書『北朝鮮「終りの始まり」2001 - 2015』249 頁。

(55) この点について、前掲書『北朝鮮「終りの始まり」2001 - 2015』313-344 頁。

(56) 同協議の事実上の頓挫について、前掲書『北朝鮮「終りの始まり」2001 - 2015』344-347 頁。

(57) ボルトンの離任について、前掲書『北朝鮮「終りの始まり」2001 - 2015』314 頁。

(58) 平和協定締結の議論について、「【社説】米朝極秘会談は青信号、重大な責任を担う韓国政府」『中央日報』(2018 年 4 月 19 日)。

(59) この点について、同上。

(60) 第一回南北首脳会談について、"Korean Leaders Sign Agreement to Work toward Reunification," *AP*, (June 14, 2000.)；"Koreas Reach Accord Seeking Reconciliation after 50 Years," *New York Times*, (June 15, 2000.)；"For the South, a TV Stunner; in the North, Fanfare is Lacking," *New York Times*, (June 15, 2000.)；"Korean Summit Ends with Historic Agreement in Hand," *UPI*, (June 15, 2000.)；and "Seoul Celebrates Dawn of 'New Day' as Talks Conclude," *New York Times*, (June 16, 2000.)『朝鮮中央通信』報道について、"North-South Joint Declaration Signed," *KCNA*, (June 15, 2000.) 前掲書『北朝鮮危機の歴史的構造 1945 - 2000』483-484 頁。

(61) 第一回核実験を伝える『朝鮮中央通信』報道について、"DPRK Successfully Conducts Underground Nuclear Test," *KCNA*, (October 9, 2006.)

(62) この点について、斎藤直樹「明らかになった金正恩の非核化の意味（1、2）」『百家争鳴』(2018 年 5 月 3、4 日)。

(63)「経済建設と核武力建設の並進路線」の採択について、"Report on Plenary Meeting of WPK Central Committee," *KCNA*, (March 31, 2013.)

2017.）; and “Reckless Game over the Korean Peninsula Runs Risk of Real War,” *Global Times*, (August 10, 2017.)

（45）『朝鮮中央通信』報道について、“Are You Good at Dancing to Tune of Others: Jong Phil,”*KCNA*, (April 21, 2017.)

（46）「漸進的・同時的措置」の合意について、「中朝、トランプ大統領の「リビア式非核化」を拒否」『中央日報』（2018年3月29日）。「［ニュース分析］金委員長、「段階的・同時的朝鮮半島の非核化」に初めて言及」『ハンギョレ新聞』（2018年3月29日）。

（47）この点について、「韓経：中国を引き込んだ金正恩委員長…「韓半島非核化のハンドル」は誰が握る？」『中央日報』（2018年3月29日）。前掲「［ニュース分析］金委員長、「段階的・同時的朝鮮半島の非核化」に初めて言及」。

（48）この点について、斎藤直樹「南北首脳会談と真価が問われる文在演（1、2）」『百家争鳴』（2018年4月18、19日）。

（49）トランプ政権による言明について、「【社説】韓米の“北核すれ違い”にブレーキをかけた駐韓米国大使代理」『中央日報』（2018年4月3日）。

（50）同発射実験を伝える『朝鮮中央通信』報道について、*op. cit.*, “Kim Jong Un Guides Test-fire of ICBM Hwasong-15.”

（51）この点について、斎藤直樹「文在演の譲歩と南北首脳会談への一抹の不安（1、2）」『百家争鳴』（2018年4月25、26日）。

（52）同報道について、「〈南北首脳会談〉青瓦台「終戦宣言の主体は南北…必要なら3者、4者も可能」」『中央日報』（2018年4月19日）。

（53）米朝間の厳しい対立について、前掲書『北朝鮮「終りの始まり」2001 - 2015』211-232頁。

（54）核保有宣言について、“DPRK FM on Its Stand to Suspend Its Participation in Six-party Talks for Indefinite Period,” *KCNA*, (February 10, 2005.); “N. Korea Declares Itself a Nuclear Power, Withdraws from Talks,” *Online News Hour*, (February 10, 2005.); “North Korea Has Nukes, Refuses Negotiations,” *CNSNews.com*, (February

（36）この点について、斎藤直樹「米朝首脳会談での金正恩の狙いと落としどころ（1、2）」『百家争鳴』（2018年3月26、27日）。

（37）CVIDについて、"'Complete, Verifiable, Irreversible' A Tough Goal for North Korea Summit," *National Security,*（June 6, 2018.）; and "CVID is the Most Important Acronym of the Trump-Kim Talks. No One Knows What It Means," *Slate,*（June 11, 2018.）

（38）トランプの発言について、"Trump-North Korea Meeting: US 'Knows the Risks', Says Spy Chief," *BBC News* ,（March 12, 2018.）

（39）ポンペオの任命について、"Mike Pompeo: Trump's Loyalist New Diplomat and Ex-spymaster," *BBC News,*（March 13, 2018.）

（40）ボルトンの任命について、"Trump Names Former Ambassador John Bolton as his New National Security Adviser," *Washington Post,*（March 22, 2018.）

（41）中朝首脳会談について、"Kim in Beijing: Why Xi's still the One He Needs to See," *BBC News* ,（March 28, 2018.）; and "Why Kim Jong Un Made a Secret Trip to China," *CNN,*（April 5, 2018.）「中朝、トランプ大統領の「リビア式非核化」を拒否」『中央日報』（2018年3月29日）。「韓経：中国を引き込んだ金正恩委員長…「韓半島非核化のハンドル」は誰が握る？」『中央日報』（2018年3月29日）。斎藤直樹「中朝首脳会談の衝撃と金正恩の揺さぶり（1、2）」『百家争鳴』（2018年4月3、4日）。

（42）中国産出石油への北朝鮮の著しい依存の実態について、"Few Expect China to Punish North Korea for Latest Nuclear Test," *New York Times,*（September 11, 2016.）; and Jayshree Bajoria, "The China-North Korea Relationship," CRF,（Updated: July 21, 2009.）

（43）この点について、「中国、「一帯一路」国際会議を汚した北朝鮮に強い不快感（1）」『中央日報』（2017年5月15日）。

（44）『環球時報』論説について、"Realistic Solution Needed for NK Nuke Issue,"*Global Times,*（April 22, 2017.）;"NK State Media's Broadside won't Impact China Policy,"*Global Times,*（April 23,

U.S. Condemns 'Provocative Action,'" *Wall Street Journal,* (April 13, 2012.) 前掲書『北朝鮮「終りの始まり」2001 - 2015』418 頁。

（28）「ブースト型原爆」について、"North Korea Claims It Tested Hydrogen Bomb but is Doubted." *New York Times,* (January 6, 2016.) : and "Yes, North Korea Probably Tested an H-Bomb - Just not the Kind You're Thinking of," *VICE News,* (January 8, 2016.)

（29）第五回核実験を伝える『朝鮮中央通信』報道について、"DPRK Succeeds in Nuclear Warhead Explosion Test," *KCNA,* (September 9, 2016.)

（30）第六回核実験を伝える『朝鮮中央通信』報道について、"DPRK Nuclear Weapons Institute on Successful Test of H-bomb for ICBM," *KCNA,* (September 3, 2017.)

（31）ノドン・ミサイルの概要について、『（平成 28 年版）日本の防衛（防衛白書）』（防衛省・2016 年）25 頁。八月三日のノドンと思われる発射実験について、「北朝鮮の弾道ミサイル発射事案について」首相官邸（2016 年 8 月 3 日）。九月五日のノドンとみられる発射実験について、「北朝鮮の弾道ミサイル発射事案について」首相官邸（2016 年 9 月 5 日）。スカッド ER の概要について、前掲書『（平成 28 年版）日本の防衛（防衛白書）』25 頁。スカッド ER の発射実験について、「北朝鮮による弾道ミサイル発射事案について（1）（2）」首相官邸（2017 年 3 月 6 日）。

（32）同発射実験を伝える『朝鮮中央通信』報道について、*op. cit.,* "Kim Jong Un Guides Test-fire of ICBM Hwasong-15."

（33）こうした推察について、Michael Elleman, "North Korea's Third ICBM Launch," 38th North, (November 29, 2017.)

（34）李容浩発言について、「北朝鮮外相「（超強硬措置は）太平洋での歴代級の水素爆弾試験」発言？」『中央日報』（2017 年 9 月 22 日）。

（35）「作戦計画 5015（"OPLAN5015"）」の概要について、"OPLAN 5015," Global Security. org.「攻撃型「作計」に変更した韓米、北朝鮮が南侵すれば同時先制打撃（1）（2）」『中央日報』（2015 年 8 月 27 日）。

創社・2013 年）383-386 頁。

（21）高濃縮ウラン開発計画について、前掲書『北朝鮮危機の歴史的構造 1945 - 2000』434 - 435 頁。斎藤直樹『北朝鮮「終りの始まり」2001 - 2015』（論創社・2016 年）157 頁。

（22）米朝枠組み合意の破綻について、"Powell: U.S.-N. Korea Nuke Deal Dead," *CBS News*,（October 20, 2002.）前掲書『北朝鮮「終りの始まり」2001 - 2015』165 頁。

（23）六ヵ国協議の開催に向けた進捗について、前掲書『北朝鮮「終りの始まり」2001 - 2015』207-211 頁。

（24）「共同声明」について、"Joint Statement of the Fourth Round of the Six-Party Talks Beijing, September 19, 2005," U.S. State Department,（September 19, 2005.）; and "Joint Statement on North Korea's Nuclear Programme, September 19, 2005," Disarmament Documentation,（September 19, 2005.）「共同声明の実施のための初期段階の措置」について、"Joint Statement from the Fifth Round of Six Party Talks," Arms Control Association,（February 13, 2007.）「共同声明の実施のための第二段階の措置」について、Peter Crail, "Deadline Set for Yongbyon Disablement," *Arms Control Today*,（November 2007.）; and "North Korea: Good Progress, but Obstacles Remain," *Disarmament Diplomacy*, Issue No. 86,（Autumn 2007.）

（25）同協議の事実上の頓挫について、前掲書『北朝鮮「終りの始まり」2001 - 2015』344 - 347 頁。

（26）米朝食糧・凍結合意について、"DPRK Foreign Ministry Spokesman on Result of DPRK-U.S. Talks," *KCNA*,（February 29, 2012.）; "Wary Steps Forward with North Korea," Council on Foreign Relations,（March 1, 2012.）; and Peter Crail, "N. Korea Agrees to Nuclear Halt," *Arms Control Today*,（March 2012.）前掲書『北朝鮮「終りの始まり」2001 - 2015』414 - 416 頁。

（27）オバマ政権による米朝食糧・凍結合意の反故について、"North Korean Launch Fails, Pyongyang Admits Test of Rocket Collapses;

(13) 南北首脳会談開催について、"Kim Jong-un Wants to 'Write New History' with South Korea as Diplomatic Thaw Continues," *Telegraph*, (March 5, 2018.) ; and "Kim Jong-un to Meet S Korea Leader in Landmark Summit," *BBC News*, (March 5, 2018.)

(14) トランプによる米朝首脳会談の決断について、"North Korea Asks for Direct Nuclear Talks, and Trump Agrees," *New York Times*, (March 8, 2018.) ; "What will Trump Give Up for Peace with North Korea?" *New York Times*, (March 9, 2018.) ; "Trump and North Korea Talks: South Korean Statement in Full," *BBC News* , (March 9, 2018.) ; and "Trump and North Korea's Kim Jong-un to Hold 'Milestone' Meeting," *BBC News*, (March 9, 2018.)

(15)「四つの譲歩」について、"Mike Pompeo on Potential Trump-Kim Jong Un Summit; Sen. Elizabeth Warren on North Korea, Trump's Tariffs," *Fox News*, (March 12, 2018.) 斎藤直樹「金正恩の「四つの譲歩」を考える (1、2)」『百家争鳴』(2018 年 3 月 15、16 日)。

(16) この点について、「〈Mr. ミリタリー〉あきれるトランプ、さらにあきれる金正恩 (2)」『中央日報』(2017 年 8 月 4 日)。斎藤直樹『米朝開戦：金正恩・破局への道』(論創社・2018 年) 135 頁。

(17) 同実験を伝える『朝鮮中央通信』報道について、*op. cit.*, "Kim Jong Un Guides Test-fire of ICBM Hwasong-15."

(18) この点について、"Mattis Says North Korea isn't Capable of Striking the US," *CNN*, (December 17, 2017.) ; and "Mattis Says North Korean ICBM not yet a 'Capable Threat' against U.S," *Reuters*, (December 16, 2017.)

(19) この点について、斎藤直樹「米朝首脳会談に向けた落とし穴 (1、2)」『百家争鳴』(2018 年 3 月 20、21 日)。

(20) 米朝枠組み合意について、"Agreed Framework between the United States of America and the Democratic People's Republic of Korea," Korean Peninsula Energy Development Organization, (October 21, 1994.) 斎藤直樹『北朝鮮危機の歴史的構造 1945 - 2000』(論

Security Council Imposes New Sanctions on North Korea," *CNN*, (August 6, 2017.)「国連安保理、北朝鮮制裁決議 2371 号を全会一致で採択」『中央日報』(2017 年 8 月 6 日)。「【社説】超強力な国連の対北朝鮮制裁…中朝の密貿易から阻止を」『中央日報』(2017 年 8 月 7 日)。「北朝鮮の輸出 33%を遮断…原油封鎖は抜ける」『中央日報』(2017 年 8月7日)。決議二三七五について、United Nations S/RES/2375 (2017) Security Council, (September 12, 2017.)「国連安保理の新たな北朝鮮制裁決議案、全会一致で採択…「石油輸出量制限」」『中央日報』(2017 年 9 月 12 日)。「北制裁決議が採択…石油関連輸出、3 割減と試算」『読売新聞』(2017 年 9 月 12 日)。決議二三九七について、"FACT SHEET: UN Security Council Resolution 2397 on North Korea," United States Mission to the United Nations, (December 22, 2017.); and "UN Adopts Tough New Sanctions on North Korea," *CNN*, (December 24, 2017.)「安保理、全会一致で北朝鮮制裁新決議案を採択」『中央日報』(2017 年 12 月 23 日)。

(8) 二〇一八年の「新年の辞」について、"Kim Jong Un Makes New Year Address," *KCNA*, (January 1, 2018.)

(9) トランプのツイートについて、"Trump Says His 'Nuclear Button' is 'Much Bigger' Than North Korea's," *New York Times*, (January 2, 2018.)

(10) この点について、「北朝鮮、ついにホワイトハウスを射程圏に…トランプ氏「我々が解決」」『中央日報』(2017 年 11 月 30 日)。

(11) 南北会談開催について、"North Korea to Send Olympic Athletes to South Korea, in Breakthrough," *New York Times*, (January 8, 2018.); and "North Korea to Send Team to Winter Olympic Games," *BBC News*, (January 9, 2018.)

(12) この点について、"North Korea's Kim Jong Un Invites South Korea's President to Pyongyang," *Washington Post*, (February 10, 2018.); and "Winter Olympics 2018: North Korea Invites South President to Pyongyang," *BBC News*, (February 10, 2018.)

第Ⅱ章　米朝首脳会談とその後の綱引き

（1）「国家核戦力の完成」を伝える『朝鮮中央通信』報道について、"Kim Jong Un Guides Test-fire of ICBM Hwasong-15," *KCNA*,（November 29, 2017.）斎藤直樹「金正恩による南北対話への戦術転換とその狙い（1、2）」『百家争鳴』（2018 年 1 月 16、17 日）。

（2）マクマスターの発言について、"H.R. McMaster: Potential for War with North Korea Increases 'Every Day'," *Fox News*,（December 2, 2017.）

（3）グラハムの発言について、"Transcript: Sen. Lindsey Graham on "Face the Nation," Dec. 3, 2017," *CBS NEWS*,（December 3, 2017.）; and "US Senator: Time to Move US Military Families out of South Korea," *VOA News*,（December 3, 2017.）

（4）この点について、"Have We Got just Three Months to Avert a US Attack on North Korea?" *Guardian*,（December 4, 2017.）

（5）トランプの発言について、"Trump on North Korean Missile Launch: 'We will Take care of it'," *CNBC.com*,（November 28, 2017.）; "North Korea Fires a Ballistic Missile, in a Further Challenge to Trump," *New York Times*,（November 28, 2017.）; and "Trump says North Korea Missile Launch 'a Situation that We will Handle'," *Reuters*,（November 29, 2017.）

（6）この点について、*op. cit.*, "Kim Jong Un Guides Test-fire of ICBM Hwasong-15."

（7）二〇一七年に採択された四件の決議は以下の通りである。決議二三五六について、United Nations S/RES/2356（2017）Security Council,（June 2, 2017.）「安保理、7 回目の対北朝鮮制裁 2356 号採択」『中央日報』（2017 年 6 月 3 日）。決議二三七一について、United Nations S/RES/2371（2017）Security Council,（August 5, 2017.）; "FACT SHEET: Resolution 2371（2017）Strengthening Sanctions on North Korea," US Mission to the UN,（August 5, 2017.）; and "UN

(64) 七月四日の「火星14」型ICBM発射実験を伝える『朝鮮中央通信』報道について、“Report of DPRK Academy of Defence Science,” *KCNA*, (July 4, 2017.)

(65) 七月五日の『朝鮮中央通信』報道について、“Kim Jong Un Supervises Test-launch of Inter-continental Ballistic Rocket Hwasong-14,” *KCNA*, (July 5, 2017.)

(66) この点について、「韓米日、火星-14型の大気圏再突入は失敗と結論」『中央日報』(2017年8月13日)。

(67) 七月二八日の「火星14」型ICBM発射実験について、“Kim Jong Un Guides Second Test-fire of ICBM Hwasong-14,” *KCNA*, (July 29, 2017.)

(68)「再突入技術」確立への疑義について、前掲「韓米日、火星-14型の大気圏再突入は失敗と結論」。

(69)『朝鮮中央通信』報道について、“Kim Jong Un Guides Test-fire of ICBM Hwasong-15,” *KCNA*, (November 29, 2017.)

(70) この点について、「北朝鮮、ついにホワイトハウスを射程圏に…トランプ氏「我々が解決」」『中央日報』(2017年11月30日)。

(71) ライトの分析について、David Wright, “North Korea's Longest Missile Test Yet,” (November 28, 2017.)

(72) エルマンの分析について、Michael Elleman, “North Korea's Third ICBM Launch,” 38th North, (November 29, 2017.)

(73) この点について、*op. cit.*, “Kim Jong Un Guides Test-fire of ICBM Hwasong-15.”

(74) マティスの発言について、“Mattis Says North Korea isn't Capable of Striking the US,” *CNN*, (December 17, 2017.) ; and “Mattis Says North Korean ICBM not yet a ‘Capable Threat’ against U.S,” *Reuters*, (December 16, 2017.)

(75) こうした推察について、*op. cit.*, “What to Make of North Korea's Latest Nuclear Test?”

(76) こうした推察について、*Ibid.*

長距離ミサイル（Intermediate Range Ballistic Missiles（IRBMs））の射程距離は2400~5499キロ・メートル。長距離ミサイル（大陸間弾道ミサイル）（Intercontinental Range Ballistic Missiles（ICBMs））の射程距離は5500キロ・メートル以上とされる。（Steve Hildreth, "North Korean Ballistic Missile Threat to the United States," CRS Report for Congress, RS21473,（Updated January 24, 2008.）p. 1.）ただし、上記とは異なる射程距離に基づく分類もある。

（58）スカッド・ミサイルの概要について、Joseph S. Bermudez, "A History of Ballistic Missile Development in the DPRK," Occasional Paper No. 2, Monterey Institute of International Studies Center for Nonproliferation Studies, 1999, pp. 10-19.; "North Korea's Missile Programme," *BBC News*,（July 5, 2006.）; Larry A. Niksch, "Korea-U.S. Relations: Issues for Congress," CRS Report RL33567,（Updated April 28, 2008.）p. 7.; and "North Korea Special Weapons Guide, Missiles," Federation of American Scientists.『（平成28年版）日本の防衛（防衛白書）』（防衛省・2016年）25頁。

（59）スカッドERについて、前掲書『（平成28年版）日本の防衛（防衛白書）』25頁。

（60）スカッドERの発射実験について、「北朝鮮による弾道ミサイル発射事案について（１）（２）」首相官邸（2017年3月6日）。

（61）ノドン・ミサイルの概要について、*op. cit.*, "A History of Ballistic Missile Development in the DPRK," pp. 20-23.; *op. cit.*, "North Korea's Nuclear Weapons Development and Diplomacy," p. 11.; *op. cit.*, "Korea-U.S. Relations: Issues for Congress," p. 7.; and "North Korea Special Weapons Guide, Missiles," Federation of American Scientists. 前掲書『（平成28年版）日本の防衛（防衛白書）』25頁。

（62）八月三日のノドンと思われる発射実験について、「北朝鮮の弾道ミサイル発射事案について」首相官邸（2016年8月3日）。

（63）九月五日のノドンと思われる発射実験について、「北朝鮮の弾道ミサイル発射事案について」首相官邸（2016年9月5日）。

Hydrogen Bomb but is Doubted," *New York Times*, (January 6, 2016.) : and "Yes, North Korea Probably Tested an H-Bomb — Just not the Kind You're Thinking of," *VICE News*, (January 8, 2016.)

(48) 米地質調査所の計測について、"M 5.3 Nuclear Explosion - 23km ENE of Sungjibaegam, North Korea," United States Geological Survey, (September 9, 2016.)

(49) 第五回核実験を伝える『朝鮮中央通信』報道について、"DPRK Succeeds in Nuclear Warhead Explosion Test," *KCNA*, (September 9, 2016.)

(50) 気象庁の発表について、「自然の地震でない可能性…気象庁が北の地震分析」『読売新聞』(2016 年 9 月 9 日)。

(51) 韓国気象庁の発表について、「【社説】自滅を催促する北朝鮮の5回目の核実験」『中央日報』(2016 年 9 月 10 日)。

(52) 韓国国防省の発表について、「韓国国防部「北朝鮮が5次核実験断行したと判断…過去最大規模」『中央日報』(2016 年 9 月 9 日)。前掲「【社説】自滅を催促する北朝鮮の5回目の核実験」。

(53) ヘッカーの推定について、*op. cit.*, "What to Make of North Korea's Latest Nuclear Test?"

(54) 同報道について、"DPRK Nuclear Weapons Institute on Successful Test of H-bomb for ICBM," *KCNA*, (September 3, 2017.)

(55) 同報道について、"Kim Jong Un Gives Guidance to Nuclear Weaponization," *KCNA*, (September 3, 2017.)

(56) この点について、"Emerging Missile Threats to North America during the Next 15 Years," DCI National Intelligence Estimate President's Summary, Secret NOFORN Rel CAN, PS/NIE 95-19, (November 1995.)

(57) 弾道ミサイルは射程距離に従い幾つかの範疇に分類される。短距離ミサイル (Short Range Ballistic Missiles (SRBMs)) の射程距離は 150~799 キロ・メートル。中距離ミサイル (Medium Range Ballistic Missiles (MRBMs)) の射程距離は 800~2399 キロ・メートル。中

(37) 第三回核実験の成功を伝える報道について、“KCNA Report on Successful 3rd Underground Nuclear Test,” *KCNA*, (February 12, 2013.)

(38) CTBTO の計測について、“On the CTBTO's Detection in North Korea,” CTBTO, (February 12, 2013.)

(39) 爆発威力に関する様々な推定について、「〈北核実験〉爆発力評価、韓米ロ 7 キロトン vs 独 40 キロトン」『中央日報』(2013 年 2 月 15 日)。

(40) 米国防情報局による推定について、“Pentagon Finds Nuclear Strides by North Korea,” *New York Times*, (April 11, 2013.); and “In Focus: North Korea's Nuclear Threats,” *New York Times*, (April 16, 2013.)

(41) この点について、“North Korea Announces That It Has Detonated First Hydrogen Bomb,” *New York Times*, (January 5, 2016.) ; and “North Korean Carries out Fourth Nuclear Test,” *Guardian*, (January 6, 2016.)

(42) 水爆実験への疑義について、“Kim Jong-Un's Claim of North Korea Hydrogen Bomb Draws Skepticism,” *New York Times*, (December 10, 2015.) ; and “North Korea Has a Hydrogen Bomb, Says Kim Jong-un,” *Guardian*, (December 10, 2015.)

(43)『朝鮮中央通信』報道について、“DPRK Proves Successful in H-bomb Test,” *KCNA*, (January 6, 2016.)

(44) 米地質調査所の計測について、“M 5.1 Nuclear Explosion - 21km ENE of Sungjibaegam, North Korea,” United States Geological Survey, (January 6, 2016.)

(45) この点について、“Nuclear Confusion: the Data Suggest North Korea's “H–Bomb” Isn't,” *Scientific American*, (January 6, 2016.)

(46) この点について、“North Korea Nuclear H-bomb Claims Met by Skepticism,” *BBC News*, (January 6, 2016.)

(47)「ブースト型原爆」について、“North Korea Claims It Tested

fried Hecker, Chris Lawrence, and Panos Papadiamantis, "North Korean Nuclear Facilities after the Agreed Framework," Center for International Security and Cooperation, Stanford University, (May 27, 2016.)

(28) この推量について、*op. cit.*, "What to Make of North Korea's Latest Nuclear Test?"

(29) こうした分析について、「〈Mr. ミリタリー〉北朝鮮、高濃縮ウラン多いが、なぜプルトニウム再処理に注力？」『中央日報』(2016年6月14日)。

(30) この点について、同上。

(31) 第一回核実験に関する『朝鮮中央通信』報道について、"DPRK Successfully Conducts Underground Nuclear Test," *KCNA*, (October 9, 2006.)

(32) 米国家情報局による発表について、"Statement by the Office of the Director of National Intelligence on the North Korea Nuclear Test," *ODNI News Release*, (October 16, 2006.)

(33) この点について、*op. cit.*, "Report on North Korean Nuclear Program," p. 2. ; and "Preliminary Samples Hint at North Korean Nuclear Test," *New York Times*, (October 14, 2006.)

(34) 米地質調査所（USGS）の測定について、"Earthquake Details: Magnitude 4.7, North Korea," United States Geological Survey, (May 28, 2009.)

(35) 米国家情報局による公表について、Office of the Director of National Intelligence, "Statement by the Office of the Director of National Intelligence on North Korea's Declared Nuclear Test on May 25, 2009," (June 15, 2009.)

(36) この点について、"Seismic Readings Point to a Small Nuclear Test," *New York Times*, (May 26, 2009.) ; and Peter Crail, "N. Korean Nuclear Test Prompts Global Rebuke," *Arms Control Today*, (June 2009.)

(21) 核廃棄物貯蔵施設の概要について、*op. cit.*, "North Korea's Nuclear Infrastructure," p. 79.; and *op. cit.*, "Exposing North Korea's Secret Nuclear Infrastructure—Part Two," p. 44.

(22) この点について、*op. cit.*, "Application of Safeguards in the Democratic People's Republic of Korea for August 19, 2016."

(23) ヘッカーによるプルトニウム備蓄量の推量について、*op. cit.*, "What to Make of North Korea's Latest Nuclear Test?"

(24) 高濃縮ウラン開発計画の発覚について、"North Korean Nuclear Program," Press Statement, U.S. Department of State, (October 16, 2002.) ; "N. Korea Admits Having Secret Nuclear Arms," *Washington Post,* (October 17, 2002.) ; "North Korea Says It Has a Program on Nuclear Arms," *New York Times*, (October 17, 2002.) ; "North Korea Admits Nuclear Program," *Washington Times*, (October 17, 2002.) ; "U.S. Followed the Aluminum: Pyongyang's Efforts to Buy Metal Was Tip to Plans," *Washington Post*, (October 18, 2002.) ; and Paul Kerr, "North Korea Admits Secret Nuclear Weapons Program," *Arms Control Today*, (November 2002.)

(25) この点について、"DPRK Foreign Ministry Declares Strong Counter- Measures against UNSC's "Resolution 1874,"" *KCNA*, (June 13, 2009.)

(26) 二〇一〇年一一月の視察について、Siegfried S. Hecker, "Redefining Denuclearization in North Korea,"*Bulletin of the Atomic Scientists*, (December 20, 2010.) ; and "North Koreans Unveil New Plant for Nuclear Use," *New York Times*, (November 20, 2010.)

(27) こうした推量について、*op. cit.*, "What to Make of North Korea's Latest Nuclear Test?" 関連する文献について、John E. Bistline, David M. Blum, Chris Rinaldi, Gabriel Shields-Estrada, Siegfried S. Hecker, M. Elisabeth Paté-Cornell, "A Bayesian Model to Assess the Size of North Korea's Uranium Enrichment Program," *Science & Global Security* 23, no. 2 (2015) : 71-100.; and Chaim Braun, Sieg-

North, (September 12, 2016.)

(11) IAEAの報告書について、"Application of Safeguards in the Democratic People's Republic of Korea for August 19, 2016," IAEA, (August 22, 2016.)

(12) この点について、*Ibid.*

(13) この点について、*op. cit.*, "What to Make of North Korea's Latest Nuclear Test?"

(14) 再処理施設の概要について、Joseph S. Bermudez, Jr., "North Korea's Nuclear Infrastructure, " *Jane's Intelligence Review,* (February 1994.) p. 78.; *op. cit.*, "Exposing North Korea's Secret Nuclear Infrastructure—Part Two," p. 43.; David Albright and Kevin O'Neill, eds., Solving the North Korean Nuclear Puzzle, (Washington, D.C.: Institute for Science and International Security, 2000.) p. 7.; *op. cit.*, "Report on North Korean Nuclear Program."; *op. cit.*, "Visit to the Yongbyon Nuclear Scientific Research Center in North Korea."; and *op. cit.*, "North Korea's Nuclear Weapons Development and Diplomacy."

(15) 再整備と再稼働を伝える『朝鮮中央通信』報道について、*op. cit.*, "DPRK to Adjust Uses of Existing Nuclear Facilities."

(16) IAEAの報告書について、*op. cit.*, "Application of Safeguards in the Democratic People's Republic of Korea for August 19, 2016."

(17) この点について、*Ibid.*

(18) この推測について、*Ibid.*

(19) 核燃料製造工場の概要について、*op. cit.*, "Exposing North Korea's Secret Nuclear Infrastructure—Part Two," p. 43.; *op. cit.*, "North Korea's Nuclear Infrastructure," p. 79.; *op. cit.*, "Report on North Korean Nuclear Program."; and *op. cit.*, "Visit to the Yongbyon Nuclear Scientific Research Center in North Korea."

(20) この点について、*op. cit.*, "What to Make of North Korea's Latest Nuclear Test?"

dez, Jr., "Exposing North Korea's Secret Nuclear Infrastructure-Part Two," *Jane's Intelligence Review*, (August 1999.) p. 41.; David Albright, "How Much Plutonium does North Korea Have?" *Bulletin of the Atomic Scientists*, (September/October 1994.) Vol. 50, No. 5.; US Department of Defense, "Proliferation: Threat and Response," (April 11, 1996.) ; Siegfried S. Hecker, "Visit to the Yongbyon Nuclear Scientific Research Center in North Korea," Testimony of Siegfried S. Hecker, Los Alamos National Laboratory, before the Senate Foreign Relations Committee, (January 21, 2004.) ; Siegfried S. Hecker, "Report on North Korean Nuclear Program," Center for International Security and Cooperation, Stanford University, (November 15, 2006.) ; Sharon Squassoni, "North Korea's Nuclear Weapons: Latest Developments," CRS Report for Congress, RS21391, (Updated October 18, 2006.) ; and Larry A. Niksch, "North Korea's Nuclear Weapons Development and Diplomacy," CRS Report for Congress, RL33590.

（8）これにより、「2007年12月31日までに、寧辺の5000キロ・ワット実験炉、寧辺の再処理工場（放射化学研究所）及び寧辺の核燃料製造施設の無能力化は完了される」こととなった。「共同声明の実施のための第2段階の措置」の合意文書について、「共同声明の実施のための第2段階の措置」(2007年10月3日)(六者会合・外務省ホームページ)。Peter Crail, "Deadline Set for Yongbyon Disablement," *Arms Control Today*, (November 2007.) ; and "North Korea: Good Progress, but Obstacles Remain," *Disarmament Diplomacy*, Issue No. 86, (Autumn 2007.)

（9）再整備と再稼働を伝える『朝鮮中央通信』報道について、"DPRK to Adjust Uses of Existing Nuclear Facilities," *KCNA*, (April 2, 2013.)

（10）五千キロ・ワット級黒鉛炉の再稼働について、Siegfried S. Hecker, "What to Make of North Korea's Latest Nuclear Test?" 38

through as Talks Enter Second Day," *Bloomberg*, (July 7, 2018.)

（9）この点について、斎藤直樹『詭弁と危うさに彩られた「平壌共同宣言（1、2)」『百家争鳴』(2018年10月1、2日)。

（10）ノドンとみられる弾道ミサイルの発射実験について、「北朝鮮の弾道ミサイル発射事案について」首相官邸(2016年9月5日)。スカッドERとみられる弾道ミサイルの発射実験について、「北朝鮮による弾道ミサイル発射事案について（1）（2）」首相官邸（2017年3月6日)。

第Ⅰ章　北朝鮮の核・ミサイル開発の現状と課題

（1）「経済建設と核武力建設の並進路線」の採択を伝える『朝鮮中央通信』報道によれば、「全員会議では、現情勢と朝鮮の革命発展における正当な要求を充足すべく、経済建設と核武力建設を並進させるという新たな戦略的路線が提示された。」同報道について、"Report on Plenary Meeting of WPK Central Committee," *KCNA*, (March 31, 2013.)

（2）「責任ある核保有国」への言及について、"DPRK Proves Successful in H-bomb Test," *KCNA*, (January 6, 2016.) 同じく「責任ある核保有国」への言及について、"Decision of Seventh Congress of WPK Adopted," *KCNA*, (May 8, 2016.)

（3）同報道について、"KCNA Commentary Lauds Successful H-bomb Test in DPRK," *KCNA*, (January 8, 2016.)

（4）この点について、斎藤直樹『北朝鮮危機の歴史的構造 1945 - 2000』（論創社・2013年）67 - 69頁。

（5）ゲーツの見解について、"Let North Korea Keep some Nukes? Robert Gates Lays out a Vision for a Solution," *Hankyoreh*, (July 12, 2017.)

（6）この点について、「〈Mr. ミリタリー〉あきれるトランプ、さらにあきれる金正恩（2）」『中央日報』(2017年8月4日)。

（7）五千キロ・ワット級黒鉛炉の概要について、Joseph S. Bermu-

注

まえがき

（1）「共同声明」について、"Full Text of Trump-Kim Signed Statement," *CNN*, (June 12, 2018.)

（2）記者会見について、"Press Conference by President Trump," Press Briefings, White House, (June 12, 2018.)

（3）トランプの発言について、"Trump-North Korea Meeting: US 'Knows the Risks', Says Spy Chief," *BBC News* , (March 12, 2018.)

（4）南北首脳会談について、"North and South Korean Leaders Promise 'Lasting Peace' for Peninsula," *Guardian*, (April 27, 2018.) ; and "Kim Jong-un and Moon Jae-in Commit to Korean 'Peace Regime' to End Nuclear Conflict at Historic Summit," *Telegraph*, (April 27, 2018.)

（5）この点について、「正恩氏「早期制裁解除を」」『読売新聞』(2018年7月1日)。

（6）核燃料の増産について、"U.S. Intelligence Believes North Korea Making more Nuclear Bomb Fuel despite Talks: NBC," *Reuters*, (June 30, 2018.) ; "North Korea Steps up Production of Uranium Fuel, NBC Reports," *Bloomberg*, (June 30, 2018.) ; and "North Korea Keeps Enriching Uranium," *Wall Street Journal*, (July 1, 2018.)

（7）ミサイル製造施設の拡張について、"North Korea Expands Key Missile-Manufacturing Plant," *Wall Street Journal*, (July 1, 2018.)

（8）ポンペオの訪朝について、"North Korea Criticizes 'Gangster-Like' U.S. Attitude after Talks with Mike Pompeo," *New York Times*, (July 7, 2018.) ; "North Korea Blasts 'Regrettable' US Attitude and 'Gangster-like' Demands after Talks with Mike Pompeo," *ABC News*, (July 7, 2018.) ; and "Pompeo Seeks North Korea Break-

斎藤直樹（さいとう　なおき）
1977年3月、慶應義塾大学法学部政治学科卒業。1979年3月、慶應義塾大学大学院法学研究科修士課程修了。1987年7月、マイアミ大学国際問題大学院博士課程（the Graduate School of International Studies, the University of Miami）修了。国際学博士号（Ph. D. in International Studies）取得。
現在：山梨県立大学教授、慶應義塾大学兼任講師、神田外国語大学兼任講師、日本国際フォーラム上席研究員など。
専攻：国際政治論、国際関係論、安全保障論、国際機構論など。
主要業績："Star Wars"Debate: Strategic Defense Initiatives and Anti-satellite Weapons, (Ph. D. Dissertation, the University of Miami, 1987)
『戦略防衛構想』（慶應義塾大学出版会、1992）
『戦略兵器削減交渉』（慶應義塾大学出版会、1994）
『国際機構論』（北樹出版、1998）
『（新版）国際機構論』（北樹出版、2001）
『現代国際政治史（上・下）』（北樹出版、2002）
『紛争予防論』（芦書房、2002）
『イラク戦争と世界』（現代図書、2004）
『検証：イラク戦争』（三一書房、2005）
『北朝鮮危機の歴史的構造 1945-2000』（論創社、2013）
『北朝鮮「終りの始まり」2001-2015』（論創社、2016）
『米朝開戦――金正恩・破局への道』（論創社、2018）他多数

まやかしの非核化と日本の安全保障
――金正恩とトランプの攻防

2019年2月20日　初版第1刷印刷
2019年2月25日　初版第1刷発行

著　者　斎藤直樹
発行者　森下紀夫
発行所　論 創 社
東京都千代田区神田神保町2-23　北井ビル
tel. 03（3264）5254　fax. 03（3264）5232　web. http://www.ronso.co.jp/
振替口座　00160-1-155266
装丁　宗利淳一
印刷・製本／中央精版印刷　組版／フレックスアート
ISBN978-4-8460-1788-0　